调查问卷的设计与评估

IMPROVING SURVEY QUESTIONS:
DESIGN AND EVALUATION

[美]弗洛德·J.福勒（Floyd J. Fowler） 著

蒋逸民　田洪波　陆利军

杨海燕　邓　蕾　耿　文　　　　译

安　钊　陈加荣　郭纪生

徐士林　周　燕　陈建国

重庆大学出版社

调查问卷的设计与评估,作者:弗洛德·J.福勒。原书英文版由美国 Sage 出版公司出版。原书版权属美国 Sage 出版公司。
本书简体中文版专有出版权由美国 Sage 出版公司授予重庆大学出版社,未经出版者书面许可,不得以任何形式复制。
版贸渝核字(2006)第 39 号。

图书在版编目(CIP)数据

调查问卷的设计与评估/(美)福勒著;蒋逸民等译.
—重庆:重庆大学出版社,2010.9(2023.8 重印)
(万卷方法)
书名原文:Improving Survey Questions:Design and Evaluation
ISBN 978-7-5624-5153-2

Ⅰ.调… Ⅱ.①福…②蒋… Ⅲ.①问卷法—设计②问卷法—评估 Ⅳ.C91-03

中国版本图书馆 CIP 数据核字(2009)第 180282 号

调查问卷的设计与评估
[美]弗洛德·J.福勒(Floyd J. Fowler) 著
蒋逸民 等译
责任编辑:雷少波 邓飞燕 罗杉 版式设计:林佳木
责任校对:刘志刚 责任印制:张策
*
重庆大学出版社出版发行
出版人:陈晓阳
社址:重庆市沙坪坝区大学城西路 21 号
邮编:401331
电话:(023)88617190 88617185(中小学)
传真:(023)88617186 88617166
网址:http://www.cqup.com.cn
邮箱:fxk@cqup.com.cn(营销中心)
全国新华书店经销
重庆市国丰印务有限责任公司印刷
*
开本:940mm×1360mm 1/32 印张:6.375 字数:185 千
2010 年 10 月第 1 版 2023 年 8 月第 11 次印刷
ISBN 978-7-5624-5153-2 定价:36.00 元

作者简介

弗洛德·J.福勒,Jr.(Floyd J. Fowler, Jr.)

美国密歇根大学(University of Michigan)社会心理学博士。自1971 年以来为马萨诸塞-波士顿大学调查研究中心的资深研究员,并任该中心主任长达 14 年之久。福勒博士曾在哈佛公共健康学院教授调查方法 7 年,目前是达特茅斯医学院的研究人员。他参与了许多调查项目,涵盖了一系列广泛的学科领域,如犯罪、健康、住房、交通、政府服务和宗教等。他的主要研究兴趣是调查研究的误差来源。他最近出版的著作探讨了如何降低与访员有关的误差以及改进调查问题的设计和评估。其主要著作包括:《标准化调查访问》(*Standardized Survey Interviewing*,与 T. W. Mangione 合作)、《调查研究方法》(*Survey Research Methods*, 3rd ed.)等 *。

---

* 这两本书的中文版均由重庆大学出版社引进出版。

译者前言

　　随着我国社会经济的快速发展，学术研究、政府机关、企事业单位和大众传媒等部门使用调查问卷的机会越来越多，然而，人们却不同程度地存在着对问卷的误解和误用。没有做过调查的人认为，起草一份问卷就像写文章一样容易。一些专业人士也认为，可以不费力气地在一个小时内搞定一份问卷。在他们眼中，问卷设计和调查似乎不需要任何专门的学习或培训，任何人都可以一试身手。于是，在设计问卷过程中，想到哪里就写到哪里，简单地罗列一些信手拈来的问题，既不系统，也不规范，遗漏的问题也不少，有些问题看似相关但实际上并不需要，也不能发挥什么作用。尽管设计问卷需要写作和常识等基本技能，但是作为一门科学的问卷设计和调查却远不止这些，需要更多、更深刻的东西。

　　问卷设计有着极其严格的操作程序。它不仅需要清晰地界定所研究的问题，仔细推敲问题的措辞，而且还需要对问题的信度和效度进行必要的评估。但是，在实际调查过程中，这些流程和细节往往被忽视或轻视。有些教科书对这些具体的操作步骤也是语焉不详。

　　设计问卷的第一步是界定研究问题。通过清晰、简要地界定问题来避免人们理解上的歧义。如果问题的范围和内涵界定不清，那么调查结果也会含糊不清。同样，也需要对所研究的事实、行为和态度进行清晰、简要的操作定义。没有经过界定的事实、行为和态度，就会产生含糊不清和难以解释的结果。清晰地界定研究问题可以廓清研究者的任务，从而避免"一石打尽天下鸟"的诱惑。研究新手经常想用一次调查来收集许多方面的数据，问题覆盖面特别广，研究主题因此而变得模糊起来。

一般而言，调查问卷所收集的信息有六种类型：①当前行为，②过去行为，③对承担义务较大的问题的态度，④对承担义务较小的问题的态度，⑤未来的行为，⑥未来的态度。这六种类型的问题又可归纳为行为与态度两大类。当然，问卷也应该包括受访者人口统计学方面的信息，比如年龄、性别、民族、婚姻状况、教育水平、职业、收入、宗教信仰等，这些信息又称为"常见共变量"。行为和人口统计学信息是客观的问题，而感觉、态度和看法则是主观的问题。问题越敏感，问题的效度就越低。过去的行为由于涉及已经发生的事情，一般效度较高，而未来的态度由于涉及许多未知和不确定因素，效度通常较低。

问卷设计需要仔细、反复地推敲问题的措辞。问卷的问题应该是明晰和简洁的，与所设定的研究目标相一致。研究表明，问题的措辞会对回答问题产生很大的影响。如果要提高答案的准确度，在问题措辞方面的改进要远大于在抽样方面的改进。有试验表明，问题的模糊或不准确产生的误差可达 20%～30%。

设计问卷还需要对问题本身进行评估。这一步骤是我国调查研究的一个薄弱环节。一方面，相当部分的研究者没有意识到问卷评估的必要性和重要性;另一方面,即使有人有这方面的意识,但囿于时间和资金,往往匆匆走过场,没有发挥问题评估本来应有的作用。近年来,西方研究者倾向于从认知和互动的视角来评估调查问题。他们认为,在调查之前,就应该弄清受访者是否能一致地理解问题? 他们能否完成问题所交代的任务? 访员能否逐字逐句地念出问题? 这些都是起草高质量调查问卷的重要前提。

设计好的调查问卷是一项技术含量极高的专业活动。西方不少学者甚至为此耗尽了毕生的心血,有的学者的终身成就不过是设计了一份高质量的、广为使用的调查问卷。从专业的角度来看,什么是一份好的调查问卷? 什么是一个好的调查问题? 如何设计一份好的调查问卷? 如何设计一个好的问题? 这些都是研究者正在探索的问题。美国著名调查研究方法专家福勒(Floyd J. Fowler, Jr.)试图系统地回答这些问题。他 1995 年出版了《调查问卷的设计与评估》一书。该书在西方出版后,备受瞩目,引用率极高。1999 年我在香港大学读博士时,就参考了福勒的这本书。当时我要设计有关家庭环境的调查问卷。这本书给我的印象是,有关问题设计的原则简明扼要,所提供的案例丰富多样,说理透彻,针对性强,便于在实地调查中应用。

与其他有关调查方法的专著相比,这本十多万字的小册子并不算厚重。但是,它的内容却十分厚实,几乎涵盖了问卷设计的所有问题。比如它具体论述了如何起草调查问题并在经验的层面上加以评估,如何在撰写问题时选择合适的措辞,如何选择问题的格式,等等。该书专门用了两章的篇幅论述了如何撰写用来收集事实资料的问题以及如何撰写用来测量主观状态的问题。书中一一列举了"好的"和"坏的"调查问题的实例,并解释了"坏的"调查问题何以在一定程度上导致了有缺陷的答案。书中还讲解了如何对问卷问题进行评估,如何对问题理解和管理上的一致程度进行有效评估。可以毫不夸张地说,该书是社会科学研究者和调查工作者进行问卷设计的一本实用价值很大的案头参考书。此外,该书也可以帮助调查数据的使用者来正确地评估有关调查数据。

该书文字精娴,文风嶙峋,语意隽永,表达朴涩。翻译该书不是一件轻松的事情。该书由蒋逸民与华东师范大学社会学系的部分研究生共同翻译,前后四易其稿。翻译的最初分工是:前言,蒋逸民;第1章,蒋逸民;第2章,杨海燕;第3章,邓蕾;第4章,耿文、田洪波;第5章,安钊;第6章,陈加荣、郭纪生;第7章,徐士林;附录A,徐士林;附录B—D,周燕;索引,蒋逸民。翻译初稿完成后,由田洪波进行了初次校阅。陆利军后来对其中的第2,5,6章等进行了再校阅,并对第2,6章做了较大的修改。陈建国协助陆利军校阅了第2章的部分内容。最后,蒋逸民对全书进行了修改、润色和校订,几乎对全书进行了重新翻译和校对。炼娟、马菱、孟维岩、蒋玥通读了最后的译稿,提出了不少好的建议。由于译者的水平和学识有限,书中必有不少舛漏之处,但文责自负,恳请同仁和读者批评指正。

最后,衷心感谢重庆大学出版社的雷少波先生。他为本书的翻译提供了机会,始终关心本书的进展,正是在他的大力支持和帮助下,本书才得以面世。

蒋逸民

2010 年 1 月于上海

作者前言

我相信,调查问题的设计和评估是当前改进调查研究最富成果的方法论领域。粗劣的问题设计随处可见,而改进问题设计是提高调查数据质量所能采取的最容易、最有成本效益的步骤之一。

本书的一个重要来源是我与密歇根大学(University of Michigan)查尔斯·F.坎内尔(Charles F. Cannell)合作的一个研究项目,该项目探讨了对调查问题进行预测验的不同方法。在这项研究中,我们从政府和学界主要调查所使用的问题中选取了一个样本作为我们评估工作的焦点。虽然我们的主要目的不是评估目前调查问题的质量,但意外地发现,一些著名的调查机构使用了相当多的不符合最低标准的问题。在我看来,当前的调查研究工作显然可以做得更加出色。在过去十年里,有关问题设计的研究明显增多了,问题评估的技术也提高了。虽然很多工作仍在进行,但有不少关于如何设计和评估问题的合理原则,而这正是本书的主题。

改进调查问题所面临的一个特殊挑战是:政治家、律师、经济学家、会计和新闻记者(只列举这些)等背景各异、缺乏特殊训练的人都在起草调查问题。每个人都以为他或她能写出好的调查问题。因此,本书是为所有想写调查问题的人以及所有想用调查结果的人而作的。人们只要受过良好的教育,就能阅读和领会本书的内容,而不必为统计问题和社会科学的术语所困扰。

本书最重要的部分大概就是强调问题评估的重要性。第5章论述了调查问题的预评估,这无疑是本书最重要的一章。目前大多数调查机构对调查问题的评估还相当粗糙。我相信,如果第5章所概括的一些协议(protocols)成为调查研究的例行工作,就会极大地提高调查研究的质量。因此,如果我对该书还有什么最大希望的话,那就是,在调查中使用问题之前,该书对提高问题评估的水平发挥了作用。

弗洛德·福勒

目　录

1

作为测量的问题：概述

什么是好问题

在社会科学界，重要的测量是以"问与答"过程为基础的，医学界更是如此。儿童回答标准化测试问题，其结果被用作对他们智力的测量；失业率是对"就业状况"和"从业意愿"答案的计算；对医疗结果的研究依赖于病人对其健康状况和生活质量等问题的回答。

仅仅通过向人们询问问题而获得所需和有用的信息，几乎无尽无休。在某些情况下，这是因为我们想要知道某些很难系统观察到的事实。例如，虽然有些犯罪报了警，但还有许多犯罪没有报警。因此，估算犯罪受害者比率的最佳办法是向受害者询问他们的受害经历。我们也经常想测量"人们在想什么""知道什么"或"感觉到什么"等只有个体本身才能察觉的一些现象。

显然，"问与答"是日常会话的一部分，也是我们社会生活结构的一部分。但是，本书特别的主题是：如何将日常过程转化为严格的测量。

把问题的答案用作测量，这一想法有以下几个含义：首先，我们对受访者出于私利的回答不感兴趣。相反，我们却对受访者给我们讲述的其他事情感兴趣。因此，一个好的"问与答"过程的重要标准是：它引出了答案，这些答案能提供有关我们所设法描述东西的有意义信息。

其次，测量的目的通常是获得许多人或事的可比较信息。因此，当重复测量时，测量结果的前后一致性就显得格外重要。

这些观点引出了对"什么问题才算是一个好的问题"的思考和回答。所谓好的问题是指这样的问题：它所引出的答案是对我们想要描述的东西可靠的、有效的测量。

在经典心理测量的意义上，信度是指答案的一致性程度：当所描述的状态一致时，答案也是一致的（Nunnally，1978）。效度则是指，答案与我们所设法描述或测量的假想"真值（true value）"的一致程度（Cronbach and Meehl，1955）。

每年的政治竞选、报纸、营销组织、政府和大学学者组织的调查需要从成千上万人那里收集数据。这些调查是通过邮寄、电话和个人访谈等方式来完成的。实际上，它们几乎涵盖了每一个可以想象得到的主题。虽然调查数据有一些潜在的误差来源，但是这些调查结果的效度主要取决于所问问题的设计。不管搜集数据有什么模式或主题，问题总有一些共同的标准，如何达到这些标准也有一些共同遵循的原则。虽然本书主要关注人口调查问题的设计，但本书也阐明了当问题被用来提供有关群体或事件的系统信息时所运用的一般原则。

影响测量的"问与答"特征

当思考一个问题是否是一个好的测量时，就必然要考虑问题本身、问题形式、问题措辞以及问题设计所引出的答案类型。

好的问题的一个标准是：所有回答者应该用一致的方式来理解它，用与研究者所想要的表达相一致的方式来理解它。受访者可能不同于研究者，他们也可能在如何使用语言和理解语言上彼此各异，这一事实使之成为最难达到的一个标准。但是，它所达到的程度对最终测量的质量至关重要。

其次，好的问题必须能够用一致的方式来进行管理。用书写形式或让访员读问题的方式把问题呈现给受访者。如果用书写形式来呈现问题，好的问题的标准是，所有受访者都应该能够读懂问题。如果由访员来读问题，好问题的标准是，访员能够且会根据问题的书写格式来读问题。

好的问题的第三个标准是，它能够与所有受访者就想要的、可接受的答案类型进行一致性沟通。如果受访者对"什么是适当的答案"看法不一，他们的答案就会五花八门，因为这些答案与我们所设法测量的东西风马牛不相及。

问题：你何时搬到堪萨斯城？
可能的答案：

> 在 1948 年。
>
> 当我 10 岁时。
>
> 在我大学毕业以后。

所有这些回答都是可能和合情合理的，因为这一问题没有提供有关"给出什么样的答案"的线索。"你何时搬到堪萨斯城？"不是一个好的问题。"你是在哪一年搬到堪萨斯城的？"是一个更好的问题，因为它详细说明了想要的答案类型。

好的问题的第四个标准是，受访者能够回答它们的程度。当然，在某些情况下，例如，当研究者试图测量知识或能力时，人们能否回答这些问题实际上是正要探寻的信息。当目标不是测量受访者的知识，如果询问人们不知道答案的问题，它就成为测量误差的一个来源。

最后一个标准是，我们应该询问受访者愿意提供正确和有效答案的问题。如果有些受访者有意修饰了答案，就降低了测量的效度。

因此，一个好的测量过程的"问与答"有五个基本特征：

1.对问题的理解要一致。

2.对问题的管理要一致,或者与受访者的沟通要一致。

3.对"什么是一个充分的答案"应该有一致的沟通。

4.除非问题的目标是测量知识,所有受访者都应该获得准确回答问题所需要的信息。

5.受访者必须愿意提供问题所需要的答案。

在调查研究历史上,曾把问题设计看作是一门艺术,而不是一门科学(Payne,1951)。科学和艺术的主要区别是:在艺术那里,好(goodness)是"情人眼里出西施";而在科学那里,"好"有统一的标准。就问题测量而言,"好"的最高标准是:一个问题引出测量某物答案的信度和效度。在过去几十年里,上述有关提供有效数据问题特征的概括有了进一步的发展。此外,我们对如何把这些概括运用到个别问题的设计上也有了更多的了解。本书阐述了我们目前所知道的有关如何设计符合上述这些标准问题的知识。

问题的评估

虽然有一些关于怎样设计好的问题的概括,但调查研究科学的一个重要环节是对调查问题的实证评估。像所有科学测量一样,调查研究测量的质量也会参差不齐。好的科学要设法将误差降至最低,并采取措施来测量剩余误差(remaining error),好让我们知道我们的数据究竟有多好而且我们可以继续改进我们的方法。

问题评估有两种类型:第一种类型旨在评估我们所要询问的问题究竟在多大程度上符合上述五条标准,这五条标准可以被视为过程标准;第二种类型旨在评估所获得的答案的效度。

为了评估这些问题符合过程标准的程度,可以采取以下三种可能的步骤:

1.焦点小组(focus group)讨论。

2.认知访谈,在访谈中探查和评估人们对问题的理解及其回答问题的方式。

3.在真实情境下的田野预调查。

从这些活动所提供的问题信息类型来看,每一种活动各有其优劣。然而,在过去十年里,越来越重视在研究项目使用问题之前,就对问题进行评估。而且,对如何使用这些技术来获得有关问题的系统信息,也有了很多的了解。

还有一套评估策略用来发现问题答案到底在多大程度上产生了有效的测量。它们包括:

1.分析所获得的数据,来评估答案之间可预测关系的强度以及答案与受访者其他特征之间可预测关系的强度。

2.对用措辞各异的问题询问类似样本所得到的数据进行比较。

3.将答案与纪录进行比较。

4.测量同一个受访者在两个时间节点上答案的一致性。

如果某个特定问题的答案构成一种有效的测量,那么通常就存在着某些可预测的方式,通过这些方式,这些答案应该联系着其他问题的答案或联系着受访者的已知特征。分析结果所提供的证据表明,这些答案是对研究者所设法测量东西的测量。

以上所概括的其他评估策略需要专用的数据收集程序,通常超出了调查的范围。但是,这些策略却提供了不同的、非常重要的方法来评估调查测量的误差。如果用同样问题的两种不同形式来询问同一个样本或可比样本,如果没有测量误差,那么这两个答案的分布应该是相同的。如果两个可比问题的答案没有得出相同的结果,那么这两个问题中的一个或两个结果就含有误差。

把调查所获得的答案与某些记录或其他标准进行核对并不常见。当这些研究完成时,通常对住院者等有住院记录的人进行抽样。然后就这些事件对这些人进行访谈,并把调查答案与记录数据进行比较。当然,记录也会有误差,因此,调查答案与记录之间的差异并不是调查误差明确无误的指标。尽管有这样的局限以及这些研究往往因花费不菲而屈指可数,但是许多方法论上的重大进步却源自记录核查研究(record-check studies)。

最后,对受访者样本进行回访,两次询问相同的问题并比较结果,这样做可以获得有关答案的信度和效度的有用信息,但结果也不是绝对的。如果真实的答案是变化的,那么就不能把不一致明确解释成测量误差。然而,如果有关情境或事件的问题不可能在两次数据收集期间发生变化,那么对同一个问题的不同回答就可以推断为含有误差(尽管不同时间的一致性并不保证每个答案都是正确的)。

上述每一种方法都可以提供有关测量质量的重要证据。运用这些技术来做研究,是把"通过询问问题来收集好的数据(collecting good data by asking questions)"这门科学推向前进的重要一步。

本书的构架

本书的目标是向读者传授我们目前所掌握的关于如何设计好的问题和如何评估问题的知识。

设计用来测量事实或客观数据的问题与设计用来测量主观状态的问题,两者有着天壤之别。有些问题处于主观与客观之间的灰色地带,例如,当人们给自己的健康状况打分时,回答被视为对受访者实际健康状况的测量,还是受访者对健康的看法,那可能全靠调查者的判断了。尽管如此,许多问题旨在弄清毋庸置疑的客观事件,例如看病、某人是否就业等,而另外一些问题则针对不可否认的主观状态,例如看法、态度和观点等。对客观性问题来说,理论上(如果不是在实践上)的效度概念指的是,调查报告与同样现象的其他测量之间的一致程度。与此相反,除了个人自己的报告外,没有任何办法来评估主观状态的报告。因为问题目标不同,评估其效度的标准也不尽相同,因此,本书对这两类问题分别进行了讨论。

　　第 2 章论述了怎样撰写好的问题来收集有关客观事实和事件的信息。第 3 章讨论了有关如何撰写测量主观现象好的问题的一般原则。第 4 章探讨了消除常见测量缺陷的不同办法。

　　第 5 章和第 6 章专门讨论了评估问题的技术。第 5 章描述了如何评估问题在理解和管理上的一致性程度,以及如何提出受访者能够且愿意完成的任务。第 6 章探讨了评估一组问题获得数据的各种方法。

　　最后一章,即第 7 章对如何设计和评估问题进行了系统的概括总结。

2

设计问题来收集事实资料

　　本章的主题是如何设计问题来收集有关客观上可验证的事实和事件的信息。有些问题要求描述受访者的年龄、性别、国籍或婚姻状况。有些问题要求报告人们做过或经历过的事情，如看病、被盗、失业、酒后驾车被拘等。另一类主题则涉及人们所作所为或生活方式，如锻炼多久、吃了什么、买了什么、如何投票等。

　　尽管这些主题范围广泛，但是本章所有讨论的问题有一个共同点：可以客观地验证答案所提供的信息，至少理论上是如此。诚然，在许多调查中，需要一个无处不在、无所不知的观察者才能记录下某人上个月喝了多少软饮料，或者某人因伤或生病卧床多少天。但是，存在着客观上可界定的一系列有争议的事情或特征，这一事实至关重要：这些问题的答案有对错之分。正确答案是那些无处不在、无所不知的观察者所能提供的答案。这与下一章"主观状态测量"的主题形成了鲜明的对照，因为主观状态测量的答案确实没有对错之分。

　　在客观事实的问题中，有些问题针对人的特征，而另一些问题则涉及计算或描述事件。有时，同一个问题可以用来兼做两者。

　　例如，当询问受访者去年住院一天或更长时间的次数时，可能有两种算法：第一，可以估算一下受访者住院的总次数；第二，可以估算一下受访者去年至少住院一次的比例。在接下来的几页里，我们将讨论消除这些问题缺陷的一些策略。一个问题是针对估算事件还是针对描述人的特征，有时关系到消除问题设计缺陷的最佳方案。

撰写好的问题有五个方面的挑战：

1.界定目标,并详细说明实现问题目标所需要的答案类型。
2.确保所有受访者对问题的含义有一个共同、一致的理解。具体来说,所有受访者应该对问题的关键术语有相同的理解,他们对这些术语的理解应该与出题者想要的理解相一致。
3.确保所问的问题是受访者知道答案的问题。受访者知道答案至少有三种形式的障碍：
   其一,缺乏回答问题所需要的信息。
   其二,有一点信息,但无法准确地回忆起信息或问题所需要的细节。
   其三,(对有关某一时期的事件或经历的问题来说)难以准确地确定事件的具体时间。
4.询问受访者能用问题所要求的术语来回答的问题。由于调查者所想要的东西与受访者所报告的现实不相吻合,因此,调查者可能询问了受访者在字面上知道答案却不能用调查者想要的方式来回答的问题。
5.询问受访者愿意准确回答的问题。

所有这一切必须要用一个问题来实现,这一问题能够一致地加以管理,对所有答题者来说有同样含义,因此答案能够汇总起来而产生统计数据。

问题的目标

对方法论学者来说,最艰巨的任务莫过于让研究者(即想要收集数据的人)来界定自己的问题目标。问题目标与问题本身有着重要的区别。问题目标规定了所需要的信息类型。设计某个特殊问题或某些问题来实现问题目标,是一个完全不同的步骤。事实上本书主要论述了问题设计的全过程:从问题目标,到一组词语,再到一个问题,最后到实现这一目标的答案。

有时,目标与问题之间的距离很短:

目标:年龄

可能的问题 2.1:你上一次过生日时,几岁了?

可能的问题 2.1a:你哪一天出生?

在多数情况下,这两个问题的答案可能都符合这个问题的目标。但可能含糊不清的是,年龄是要精确到岁,还是只要大致的类别或约数就可以了。问题 2.1 会问出某些尾数为 0 或 5 的年龄。由于问题 2.1a 不需要受访者说出确切的年龄,因此对有些人来说,该问题回答起来可能就不像问题 2.1 那么敏感。由于记忆或误算,人们可能答错的问题也会五花八门。但是,问题所要求提供的信息与目标之间的关系密切,因此这两个问题都产生了类似的结果。

目标:收入

可能的问题 2.2:你目前工作每月能挣多少钱?

可能的问题 2.2a:在过去 12 个月里,你从有酬工作中挣了多少钱?

可能的问题 2.2b:去年一年,你以及所有与你住在一起的家人,从工作和其他来源中所获得的总收入是多少?

首先,应该看到,这三个问题中的每一个问题都有不足之处。然而,关键在于,每一个问题都是实现上述目标的一个可能途径,但结果却是大相径庭。显然,目前的薪水或工资额可能是对某人工作地位或工作质量的最佳测量。但是,如果测量收入的目的是弄清受访者可获得的资源,那么去年的收入可能是更切题、更恰当的测量。更确切地说,由于人们会倾向于与其他家庭成员一起分享收入并受益于收入,因此,所有家庭成员和所有来源的总收入可能与某人的"富裕"程度最密切相关。

一个好的问题目标必须比单纯的"收入(income)"来得更明确。更广泛地说,只有在分析计划(analysis plan)的语境中,才能界定问题目标,分析计划是关于如何用信息来实现一系列总体研究目标的明确构想。测量收入实际上是测量社会地位、资源或就业质量的一种方法。为了选择一个问题,就必须要有明确的问题目标。

在试图设计和评估问题的过程中,研究者经常不得不比以前更详细地说明他们的研究目标、他们想要测量的东西以及为什么要测量。的确,从事问题评估的方法论学者最常见的一个抱怨是:研究者缺乏明确的目标意识。研究者只有确定了研究目标,才能设计出理想的问题。

再看另外一个例子:

目标:软饮料消费
可能的问题 2.3:你昨天喝了多少软饮料?
可能的问题 2.3a:在过去 7 天里,你喝了多少软饮料?

再次提醒读者注意,上面两个问题都有缺陷。然而,这里的议题是问题目标与具体问题所得结果之间的关系。一个议题是:问题目标到底是要描述软饮料消费,估算样本受访者消费了多少软饮料,还是要根据软饮料的消费方式来描述受访者的特征?

例如,第一个问题会问出比较精确的软饮料消费量,但涵盖的时间十分有限。因为一天的行为并不是描述个体特征的很好方法,所以根据高、中、低软饮料消费量来描述个体的特征,在方法上并不见得高明。

第二个问题,由于提出的报告任务要难得多,尽管有可能引起更多的回答错误,但是它比第一个问题能更好地描述个体的特征。

为了完善目标并选择问题,我们需要了解信息在分析计划中的作用以及我们掌握信息的目的。如果这是一个软饮料制造商的调查,目标是要准确地估计总的消费量,那么问题目标就应该是准确、适当地估计总的消费量(像问题 2.3 那样)。另一方面,如果这是一项健康调查,目的是确认软饮料在人们饮食中所占的比例,那么问题目标将是对个体消费方式特征的描述(像问题 2.3a 那样)。

再举一个例子:

目标:医疗保健的使用

可能的问题 2.4:在过去两周里,你看过几次病或向医生请教过几次健康问题?

可能的问题 2.4a:在过去两周里,你接受过几次医疗保健?

可能的问题 2.4b:在过去 12 个月里,你接受过几次医疗保健?

这个问题目标产生许多方面的不确定性,其中有两个方面可以通过不同的问题来说明。一个问题是,医疗保健指的是什么?它只是指看病,还是应该包括另类经历?人们接受脊椎按摩师、护士、医生助手、物理治疗师等非正规医生的医疗保健,该不该算进去?另一个可能含糊不清的是,精神医师、眼科医师等医学专家所提供的服务可能看起来不像"医疗保健(medical care)",该不该算进去?

另一个问题是:问题目标是计算事件的次数或估计所使用服务的次数,还是描述个体的特征:这个人使用医疗保健服务究竟是多还是少?收集只有几周的信息可能是获得准确看病次数的最佳方法,但是,用它来描述特定个体使用医疗服务程度的特征却是一个差劲的方法。

对任何着手设计调查问卷的人来说,最好的建议是,拟定一份出色、详细的问题目标清单以及概述如何使用数据的分析计划。图 2.1 就是这类文件的例子。尽管详细程度可能有所不同,但是起草像图 2.1 这样的文件,至少有三个重要功能。首先,它是问题设计过程的大纲。它不仅详细说明了每个问题的目标,而且有助于识别调查问卷中的无关问题。如果研究者无法把某个问题与分析计划的目标和角色匹配起来,那么就不应该询问这个问题。

其次,把拟议问题与目标大纲联系起来,就可以识别某些特定目标的缺陷。

最后,通过事先陈述目标,提醒研究者注意:设计人们能够且愿意回答的问题是一项单独任务,不同于界定研究目标。图 2.1 没有详细说明问题,它只是初步规定了某些问题的答案所应提供的信息类型。糟糕调查问题的一个主要来源是,研究者没有将问题目标转换成问题,仅仅以问题形式简单地表述问题目标。寄希望受访者来完成研究者的工作并提供符合问题目标的信息,这很少能行得通。

现在让我们来探讨一下设计符合研究目标的问题所面临的一些特殊挑战。

概念和术语的界定

为了让受访者准确地提供真实的或客观的信息,一个基本环节就是要确保所有受访者对所要报告的东西有一致的理解,好让研究者确信所有的受访者都使用了同样的定义。这是调查问题的设计者所面临的最艰巨的任务之一。如果不能很好地做到这一点,就会成为调查研究误差的一个主要来源。

例如,询问受访者在过去的一周里有几天吃过黄油。由于许多人把黄油和人造奶油这两个词交换使用,因而受访者在回答这个问题时,对于是否应该把人造奶油也算进去,就有不同的看法。在修改了问题、明确去掉人造奶油以后,说自己在过去一周里吃过黄油的人数,与原来未界定黄油概念的情况比起来,结果减少了20%(Fowler,1992)。

另一个相似的例子是关于运动量的测量。对美国成年人来说,散步是最常见的运动形式。但是,当人们报告自己的运动量时,却无法确定是否应该把散步也算进去。有关运动量调查问题的答案,主要取决于问题措辞是明确包括了散步、去掉散步,还是不做界定。

调查目的：研究使用医疗保健的相关因素。我们认为医疗保健可能会受到以下因素的影响：

    1.支付医疗保健的财政资源

    2.对医疗保健的需要

    3.医疗保健的获得

    4.对医疗保健价值的看法

每个类别的测量目标如下：

    1.与医疗保健有关的财政资源

    去年家庭年收入（所有来源）

    流动资产（存款、银行账户）

    健康保险

    2.对医疗保健的需要

    可能需要医疗保健的慢性病

    急性病发作

    受伤

    年龄/性别（与适当的常规检测和检查相吻合）

    3.医疗保健的获得

    有无固定的医疗保健服务者

    所感觉的医疗保健服务者的远近

    所感觉的获得难易程度

    所感觉的财务障碍

    4.对医疗保健价值的看法

    无病时（体检、拍片等）

    慢性病（无生命危险）

    急性病（自我限制）

    5.医疗保健的使用

    看病

    其他医疗服务（非医学专家）

    急诊室就诊

    住院

图 2.1　调查内容和问题目标大纲的例子

以下两种基本方法可以确保受访者对术语有一致的理解：

1.研究者可以提供完整的定义，以消除全部或大多数语义上的含糊不清。

2.可以让受访者提供全部所需要的信息,以便研究者对受访者
事件进行恰当地分类。换句话说,如果受访者提供了充分的
信息,与其尝试与所有受访者沟通复杂的定义,还不如在某
个项目的编码或分析阶段一致地应用复杂的计算标准。

当然,为了撰写人们普遍能理解的调查问题,最常见的办法是
在问题中加入所需要的定义。

例 2.5:你在过去一周里,你有几天吃过黄油?

问题:这个问题可能有两处含糊不清。第一,已经提到过,"黄
油(butters)"概念是否包括了人造奶油是含糊不清的。第二,有时
人们发现"过去一周"也是含糊不清的。它可能意味着调查之日的
前七天,也可能意味着刚刚过去周一至周日(或周日至周六)的一
段时间。

可能的解决方案 2.5a:在过去七天里,如果不算人造奶油,你
有几天吃过黄油?

评论:修改后的问题减少了"是否包括人造黄油"和"时间期
限"这两处含糊不清。

例 2.6:在过去一年里,你住过几次院?

评论:"住院"可能是一个复杂的概念,未必每个人都清楚。有
时人们在医院门诊部接受医疗服务,有时去医院看"当日外科(day
surgery)"(该词出自西方,指患者通过预约在一天内完成手术、术
后观察和出院等一系列医疗过程 —— 译者注)。这些服务算不算
是住院? 另外,与上个例子一样,可能还有"参考期间(reference
period)"的含糊不清。所谓"过去一年"指的是哪个时间段?

可能的解决方案 2.6a：在过去的十二个月里（自一年前的某日以来），你有几次生病住院（至少一天）？

评论：新的问题廓清了几处可能的含糊不清，包括每一次新入院算作一次新的住院事件、住院要求当事人是病人、病人要在医院至少住上一天（例如，这就排除了"当日外科"事件）。新的问题还廓清了"参考期间"的歧义。

有时，定义问题太复杂了，以至于无法通过简单地修改几个字或用括号加上一段话来解决。

例 2.7：请问你的收入是多少？

问题：正如前文所讨论的那样，有许多关于怎么计算收入的问题。其中包括：收入是指目前的收入，还是指过去某个时期的收入？是只算工资收入，还是也包括了其他收入来源？是只算受访者自己有争议的收入，还是包括了受访者可能与之共享的其他人收入？

例 2.7a：下面我们需要估计一下你自己以及与你同住家人1993 年的总收入。当你计算收入时，我们希望包括了你自己以及与你同住家人的工资收入，你自己以及与你同住家人已拥有的其他收入来源，比如租金、福利金、社会保障金、养老金，以及股票、债券或储蓄的利息等。因此，包括了所有的收入来源，请问对你自己以及与你同住家人来说，你的家庭1993年总收入是多少？

评论：这是一个非常复杂的定义。由于研究者想要测量的概念非常复杂，因此这样做很有必要。即使这个复杂定义回避了（或没有涉及）一些重要的问题——比如，如果访谈时的家庭成员构成与参考期间的家庭成员构成并不一致，那么受访者该如何回答？以及所要报告的是实得工资（take-home pay），还是税前总收入？

例 2.8：在过去的一年里，你有几次看病或向医生或其助手请教过健康问题？

问题：这个问题出自美国《全国健康访谈调查》（National Health Interview Survey），是健康调查常用的问题。如前所述，由于定义过于复杂，有关医疗保健问题引出了许多"应该报告什么"的问题。

当统计事件的规则相当复杂时，提供一个全面、复杂的定义可能不是明智之举。在极端的情况下，与不提供定义相比，受访者可能更困惑，实际结果可能更糟糕。因此可能需要一种不同的方法。

这个方法是用额外的问题来涵盖那些常被忽略的事件。例如，在回答有关"看病"的一般性问题中，人们发现经常被遗漏的事件有：电话咨询医生，让护士或医生助理看病，接受不被视为"医生（medical doctor）"的医疗服务等。一个解决办法是：先问像例 2.5 那样的一般性问题，然后再问一些后续问题：

问题 2.8a：除了你刚刚提到的看病外，在过去的 12 个月里，你有几次打电话咨询医生？

问题 2.8b：除了你已提到的事情外，在过去的 12 个月里，你有几次接受过心理医生的医疗服务？

同样的办法也可以用于有关收入的问题：

例 2.9：请你告诉我你的家庭总收入，你是否把你可能持有的股票、债券或存款等利息产生的收入都算进去了？

例 2.9a：当你告诉我你的收入时，你是否把你的租金收入都算进去了？

例 2.9b：如果你把原来没有算上而你刚刚提到的那种收入统统加上去，请你现在估算一下你的家庭 1993 年总收入大概是多少？

为了减轻受访者报告的负担,用多重问题(multiple questions)来涵盖所要报告的所有方面,而不是设法将每个细节都塞进单一的定义里,这往往是一个有效的办法。这是确保那些常被忽略的事件都计入总数的最简单方法。不过,可以进一步改进这个方法使之成为更好的问题设计策略。

在有些情况下,如果定义非常复杂,就没有必要尝试用共同的定义与所有的受访者进行沟通。根据上文的例子,研究者不必尝试与受访者就如何界定家庭总收入进行沟通,可以向受访者询问一系列有关受访者及其家庭成员在某个时期的收入以及总收入的问题。然后将受访者所报告的各种收入汇总起来以符合某个特定的收入定义,而这个定义将用于某个特定的分析。

这种方法有三个显著的优点。首先,问题变得更清晰了,没有必要用复杂烦琐的定义与所有的受访者进行一致地沟通。其次,报告任务也更加简化和合理了,受访者不必累加各种收入来源。再次,这种方法能够使研究者获得几种不同的收入测量,而这些测量可以用于不同的分析目的。比如,受访者工资收入可能是有关就业质量一个好的测量指标,而家庭总收入可能是关于可获得资源一个好的测量指标。当然,询问多重问题需要更多的访谈时间。不过,时间长一点未必没有好处。通过多问几个问题,让受访者多花点时间,会改善受访者的回忆。

如果所需要做的一切是对社会经济地位的粗略估计,那么单个一般性问题,即使有些瑕疵,也是可以接受的。然而,为了设法让受访者知道复杂的定义,使用多重问题方法往往是一个不错的选择。

例2.10:你有什么样的医疗保险计划,是雇员模式健康维护组织,像IPA,PPO之类,还是不受限制的收费服务的医疗保险计划?

评论:这似乎是一个挺可笑的问题,它异想天开地认为,大多数人能够区分不同的医疗保险计划。如果美国现有的医疗保险模式十分复杂,那么上文所概括的那些尝试沟通共同定义的方法似乎就不能奏效。然而,只要有一些受访者能够回答的问题,研究者就可以对大多数美国人所属的医疗保险计划进行适当的分类。

问题 2.10a:根据你的医疗保险计划,为了获取医疗保健服务,你是能任意选择你想看的医生,还是只能看指定的医生或医疗机构?

问题 2.10b:(如果从一份特殊的清单或人群那里)给你看病的医生只是给投保者看病,还是也给其他病人看病?

问题 2.10c:当你在医疗保险计划保障下接受医疗服务时,你是不管服务怎样都付同样的钱,还是按服务论价?

评论:这些问题的答案也许无法让研究者做出他们想做的分类,而且,有些受访者可能无法回答其中的某些问题。不过,与需要弄懂 IPA 和 HMO 的定义相比,受访者似乎更有可能准确地回答这些问题。先问受访者能够回答的一些问题,然后再尝试用更复杂的界定策略来对病人及其经历进行分类,这个总体思路是解决许多界定问题的一个好办法。

例 2.11:在过去的 12 个月里,你遭受过入室盗窃吗?

例 2.12:在过去的 12 个月里,你遭受过抢劫吗?

这两个例子又涉及复杂的、技术性定义问题。入室盗窃是一种破开和闯入他人住宅蓄意偷盗的犯罪行为。抢劫是一种靠武力或武力胁迫来夺走他人财物的犯罪行为。当入侵者闯入住宅,主人在家撞见了入侵者,盗窃未遂者就成了抢劫犯。研究者试图用这些定义与受访者进行沟通,好让他们说出是否遭遇了入室盗窃或抢劫,这恐怕没有什么意义。相反,合理的做法是,先让受访者描述亲历事件的相关细节,然后在某些恰当、详细的犯罪类别中登录这些事件。

有时,研究者可以通过询问一系列简短而又具体的问题来做到这一点。比如,当分类取决于入侵者是否被主人撞见时,询问这个具体问题是至关重要的。在其他情况下,研究者也可以让受访者用叙事的形式来回答问题,描述其经历,然后研究者可以用特殊的定义和决策规则在不同的类别中分别登记这些经历。

恰当的问题设计就是要确保在对受访者进行分类或对事件进行统计的时候,研究者和所有受访者都使用了相同的定义。一般来说,研究者倾向于这样来解决问题:先让受访者熟悉研究者所要使用的定义,然后让受访者来进行分类。尽管有时这可能是解决问题的最佳办法,但是好的问题设计通常会尽量减轻受访者的负担。对大多数调查者来说,思考一下他们要用哪些受访者的信息才能完成分类任务,这是一个新的额外步骤。不过,如果调查者能识别哪些简单、容易的问题是受访者能回答出来的(这将为分类提供基础),那么在多数情况下就会有更好的测量。

知道答案与记得答案

一旦问题设计出来,所有受访者都知道所要询问的问题,接下来的议题是受访者是否掌握了答题所需要的信息。问题缺陷可能有三种来源:

1. 受访者可能缺乏答题所需要的信息。
2. 受访者可能知道这些信息,但很难回想起来。
3. 由于问题所需报告的事件发生在过去一段特定的时期内,受访者可能记得这些事件曾发生过,却无法在问题所要求的时间框架中准确地确定这些事件的时间。

受访者知道答案吗

询问受访者不知道答案的问题,这个缺陷经常出现在对受访者的选择上,而不是问题设计本身。许多调查会让特定家庭成员来报告有关全家或其他家庭成员的信息。当选用这种设计时,就有一个关键性问题:其他家庭成员或信息提供者通常是否掌握所需要的信息。

大量研究对自我报告与代理报告进行了比较(Cannell, Marquis, and Laurent, 1997; Clarridge and Massagli, 1989; Moore, 1988; Rodgers and Herzog, 1989)。在有些情况下,受访者为他人所做的报告似乎与自我报告一样出色。但是,除非问题涉及公共事件或特征,其他人一般不会知道答案。对所有主题来说,自我报告者往往比代理报告者做得更好。

知识问题更直接地影响了问题设计还有另外一个维度。受访者有时拥有关于某个问题的经验或信息,但缺乏研究者所要的那种形式的信息。医疗诊断便是一例。

有文献显示,病人自述的症状与病历中所记载的症状往往缺乏一致性(Cannell, Fisher, and Bakker, 1965; Jabine, 1987; Madow, 1967)。这种不一致至少部分是因为没有告诉病人如何称呼自己的病症。比如,病人认为自己有高血压(high blood pressure),却说自己没有"血管张力过高症(hypertension)",因为这不是病人所使用的术语。病人知道自己有增生,却不知道它的学名叫"肿瘤"。更不难想象有的医生懒得告诉病人"心脏病"的学名是"缺血性心脏病(ischemic heart disease)"。再回到上文所讨论过的例子,目前医疗保险计划种类繁多、错综复杂,健康研究者想要确认人们所属的计划类型,因为它们可能是人们所接受的医疗保健计划的重要协变量(covariate)。受访者可能不知道自己所属的医疗保险计划的学名,尽管受访者掌握了这些计划如何运作的信息,而这些信息可以用来对这些计划进行适当地分类。

已经指出,问卷调查经常向受访者询问他们并不知情的信息。如果医疗保险支付了部分医疗费用,那么许多受访者就绝不会知道他们所接受的医疗服务的总费用。很多人不知道给自己看病的医生有什么医学专长。许多人也不知道自己健康保险的保费是多少,尤其是大部分的保费是由雇主支付的。

在设计调查问卷之前,一项重要的准备工作是,查明该调查是否包含了受访者不知道答案的问题。调查研究的边界是人们能够并愿意报告的东西。如果研究者想要发现受访者普遍不知道的东西,那么他们就只能另辟蹊径去获得这些信息。

刺激受访者回忆答案

记忆研究者告诉我们,曾经直接经历过的事情很少会被忘得一干二净。但是,信息和经验能够加以检索的准备状态,却遵循着某些相当完备的原则。

有些记忆可能让人感到痛苦和压抑,然而,这并不是大多数调查所要测量的某些事情的议题。相反,可能最相关的三个原则是(Cannell, Marquis, and lawrent, 1977; Eisenhower, Mathiometz, and Morganstein, 1991):

1. 越是最近发生的事情,就越有可能被回忆起来。
2. 一件事情的影响或当前特征越突出,就越有可能被回忆起来。
3. 一件事情与受访者思考问题的方式越接近,就越有可能被回忆起来。

在调查中怎样获得准确的报告呢? 显然,关键的问题是人们选择询问什么样的问题。如果研究者想要获得有关无足轻重、鸡毛蒜皮小事的信息,那么指望受访者报告很久以前的事情就有悖情理。例如,当研究者让受访者报告有关吃饭和喝水的情况时,人们发现即使一个 24 小时的回忆期也可能产生由记忆退化引起的报告误差。当要求受访者报告上周或上两周的行为时,他们会对他们自己的一般行为或典型行为进行评估,而不会尝试去回忆(Blair and Burton, 1987)。如果研究者想要获得有关消费的准确信息,那么报告很短一段时间,比如一天,或者甚至坚持写日记,可能是获得大致准确答案的唯一合理办法(A.F. Smith, 1991)。

在报告的准确性与报告的时间长度之间的权衡取舍,是调查设计的一个永恒话题。美国司法部普查局(Bureau of the Census for the Department of Justice)所做的"全国犯罪调查(The National Crime Survey)"以及"全国健康访谈调查(National Health Interview Survey)"在开始部分就要求受访者分别报告一年内的犯罪和住院经历。但是对于访谈前六个多月所发生的事情,受访者报告的准确性骤降,以至于现在的调查只以访谈前六个月内所报告的事件为依据来评估这些事件的质量。实际上,"全国健康访谈调查"由于担心较长时间报告的不准确性,因此只以访谈前两周为依据来报告人们看病次数以及他们请假的天数(Cannell, Marquis, and Laurent, 1977; Lehnen and Skogan, 1981)。

大多数访谈的特点是:它们是快速的"问与答"经历。受访者的动机各不相同,但是调查多半不是受访者生活中的一件大事。因此,如果没有特别的刺激,受访者不可能花大气力去重构或回忆问卷调查所要他们报告的事情(Cannell, Marquis, and Laurent, 1977)。出于这些原因,研究者探寻了某些改善受访者回忆质量的策略。

刺激回忆和报告的一个最简单办法是,询问一个长的而非短的问题。这并不意味着要把问题弄得更复杂或更晦涩。但是,研究显示,额外加上某些让受访者对问题有所准备的说明性材料(introduction material)会提高报告的质量(Cannell, and Marquis, 1972)。原因可能很简单:稍长一点的问题给受访者提供了搜寻记忆的时间。

有两个更直接的办法可用来改善记忆。首先,询问多重问题可以提高回忆和报告某个事件的可能性(Cannell, Marquis, and Laurent, 1977; Sudman and Bradburn, 1982)。其次,"刺激可能与受访者所要报告事件有关的联想","激活可能嵌有记忆的认知和智力网络",都有可能改善记忆(Eisenhower et al., 1991)。这两个方法是相互关联的。

询问多重问题可能是改善记忆的一种有效方法,有三个不同的理由。第一个也是最明显的理由,多次询问几乎相同的问题是一个引导受访者"再尝试一下"的方法。受访者每向自己的记忆库深入一步,捕捉答案的机会就会增加一点。而且,询问多重问题有这样一个效应：增强了受访者的动机，因而也增强了受访者尝试完成回忆任务的奉献精神。

第二，询问多重问题的特殊办法是，关注那些特别容易被遗忘的事件。例如，"住院一天"被漏报的比率要大大高于其他住院（Cannell and Fowler，1965）。专门询问受访者是否有过"住院一天"的经历（比如，与误诊有关），可以触发受访者用稍微不同的方法来搜寻并回忆起某些否则会被遗忘的事情。

第三，多重问题可以关注所报告事件的可能后果，这反过来可以触发记忆。例如，如果某人是犯罪受害者，就可能报警或向保险公司索赔。询问有关报警或索赔的问题可以触发受访者回忆起这桩罪案。

同样，通过询问有关买药、申请保险索赔、因病误工或安排儿童照料等医疗服务后果的问题，可以刺激受访者回忆所接受的医疗服务。

人们所能回忆起来的东西是有限的。如果问题所需要的信息是大多数人无法轻松回忆起来的，那么数据的质量肯定会受到影响。但是，如果获得准确计数至关重要，即使回忆任务对大多数人来说比较简单，那么询问多重问题以及设计能触发有助于回忆的联想问题是提高数据质量的两个有效策略。

以上主要关注如何处理应该报告却想不起来的事情。"过度报告（overreporting）"问题也同样重要。例如，假设我们询问受访者上次选举是否投票。回答这类问题最常见的回答误差是"过度报告"，即报告说自己投过票的人事实上没有投票（Sudman and Bradburn，1982）。部分原因是（本章稍后再详细讨论），有人把投票看作是一种社会想望行为，因此激发他们去回忆并报告说投了票。不过，让人们记住"没有"做过的事是一个特别艰巨的挑战。

心理学理论认为，让受访者在大脑中重构某个经历是提高报告准确性的一种方法。以投票为例，提醒受访者"谁是候选人"以及"选票上其他问题是什么"可能是至关重要的。刚开始可以询问受访者"在哪里投票""是否要请假投票""如何转车到投票站"等问题。通过让受访者重温一系列可能与做事有关的步骤，就增加了触发关键记忆的可能性以及受访者能够更准确地重构经历的机会。

给事件确定时间

上述许多问题反映了"回忆事件(recalling the events)"与"给事件确定时间(placing events in time)"之间的互相关系。如果用某项调查来估算某个特定样本的年度住院治疗次数,那么向受访者询问本质上是两个部分的问题:"你最近住过院吗?"以及"在过去的 12 个月里你有几次住院?"

对回忆和报告行为的研究显示,许多有关这类问题调查数据的缺陷源于很难将事件适当地放在研究者所指定的时间框架内。对访谈前 10~12 个月所发生的住院事件报告尤其糟糕,除了很难记得到底有没有住院外,还有一个原因是,受访者很难记清楚住院究竟是在"12 个月前"这条任意线之前还是之后。

参考期间(reference period)是一周、一个月,还是一年,都没有太大的关系。如果调查估计主要取决于给事件确定时间期限,那么它始终是一个缺陷。

研究者可以用以下两种方法来设法提高受访者给事件确定时间的准确性:

1.研究者触发受访者的回忆活动,以帮助他们给事件确定时间。
2.研究者设计有报告时间期限的资料收集程序。

为了提高受访者给事件确定时间的能力,最简单的做法是给受访者看日历上所标出的参考期间。此外,也可以让受访者回忆在报告期间内,日子过得怎样,生活中发生了什么事。填上生日等生活事件,有助于让日历上的这些日子显得更有意义。如果受访者要报告去年所发生的事情,可以让受访者回想一下一年前他们在做什么:住在哪里,家庭生活过得怎样,做什么工作。如果受访者能想起某些与访谈前一年或大约一年的日子有关的事情,或者这些事情构成了明确界定的时间节点,那么受访者就能更轻而易举地确定罪案或住院是发生在这个时间节点之前还是之后(例如,Sudman,Finn,and Lannon,1984)。

一个相关策略是让受访者进行联想,以提高他们对某些事情所发生的年份或日期的感知能力。因此,如果询问受访者身上所发生的罪案,那么就可以让他们回想一下当时的天气情况,他们穿什么衣服,生活中还有没有其他事情发生,这些都可以使受访者能够大致断定某件事发生的大致日期。

这些策略用于访谈时有些费时。它们经常需要访员做出个性化的努力,而这些努力不容易标准化。因此,很少有调查实际上使用这些技术。此外,可以公允地说,尽管这些技术似乎稍微提高了报告质量,但似乎尚未构成一个重大突破。

还可以用极为不同的方法来改进对某个时期事件的报告:用两次或更多的访谈来为受访者实际划定时间界限(Neter and Waksberg,1964)。在初次访谈中告诉受访者,将要询问有关在下一次访谈前的那段时间里所发生的事情和情况。随后在后续的访谈里,询问受访者在两次访谈期间发生了什么事情。

这样的设计有三个有用特性。第一,它们确实产生了一个明确的时间节点。虽然初次访谈不可能是人们生活中的大事,但是它对受访者来说却有认知意义。第二,在首次访谈中,通常让受访者报告某些最近要被统计在内的事情。然后研究者可以将第二次访谈所报告的事情与初次访谈所报告的事情进行核对。如果有双重报告,即把首次访谈前发生的事情挪到第二次访谈期间内,那么就能被辨别出来。第三,受访者注意到自己将要就某些事件接受访谈,这一事实会使受访者报告得更专心,因而更出色。

显然,这种再访谈设计实施起来要比一次性调查昂贵得多。但是,如果及时准确地报告事件是至关重要的,那么它们就是提高数据质量的有效办法。

最后,值得一提的是,给受访者送一本日记本。让人们记日记有许多特别的挑战。然而,为了获得详细的信息,如短期内食品消费或小额开支等信息,记日记是一个不错的选择(Sudman and

Bradburn, 1982；Sudman and Ferber, 1971）。

答案的形式

大多数问题会详细说明答案应该采用什么样的形式。答案的形式必须与受访者所提供的答案相吻合。

例 2.13：在过去的 30 天里，你能够爬楼梯：毫不费劲，有点费劲，或者完全爬不动？

评论：这个问题强加了一个预设：受访者的身体状况在 30 天里是稳定的。在对艾滋病人的研究中，我们发现这种问题形式与受访者的答案不相吻合，因为他们的症状（和爬楼梯的能力）每天都有很大的变化。

例 2.14：在你饮酒的那些日子里，你通常喝多少？

评论：询问有关"通常"行为的问题很普遍。但是，它们却给受访者强加了"有规律可循"的预设。该问题能容许某些变化，但不能适应很大的变化。比如说，如果有位受访者周末喝酒比平时多得多，就完全不知道应该怎样回答这个问题。为了确保答案符合所要描述的现实，需要对使用"通常"概念的问题进行仔细检查。

例 2.15：离你家最近的医院有多少里？

评论：人们很容易想到，受访者可能知道最近那家医院的确切位置，但未必对里数有确切的概念。此外，尽管在郊区或农村地区，里数可能是测量距离的一个好的指标，但是对于城市居民来说，搭乘可能的交通工具所需时间可能是一个更合适的测量指标，也是受访者能够最准确作答的测量单位。

询问人们知道答案的问题是至关重要的。但是，人们很容易忽视下一个重要步骤——向受访者提出一个他们能够完成并符合问题真实答案的回答任务。

减少社会想望对答案的影响

有关"回答准确性（response accuracy）"的研究表明，受访者往往使用一些使答案看起来更好或避免使它们难看的手法来修饰答案（distort answers）。洛康德、苏德曼和布拉德伯恩（Locander, Sudman, and Bradburn, 1976）发现，在调查中受访者对酒后驾车入狱和破产经历的报告非常糟糕。很显然，这些事情都不是小事，不可能失忆。对报告很糟的解释肯定是：人们不愿说出与自己有关的事情。然而，社会想望的影响要比这些极端的例子来得更普遍。

例如，当坎内尔、费谢尔和巴克尔（Cannell, Fisher and Bakker, 1965）在一项健康状况调查中分析住院原因并把可能患有"难以启齿"或"危及生命"的病症列为住院的原因时，他们发现，人们不大可能报告病势危笃的住院。健康状况记录核查研究（即把调查报告与病历进行比较）表明，在调查访谈中那些可能被视为"令人难堪"或"危及生命"的疾病没有很好地报告上来（Cannell, Marquis, and Laurent, 1977；Cannell and Fowler, 1965；Madow, 1967）。修饰答案也会造成"过度报道（overreporting）"。安德森、西尔弗和艾布拉姆森（Anderson, Silver, and Abramson, 1988）发现在投票选举中存在着明显的"过度报告"。

尽管研究者把社会想望当作解释这些现象的"总括概念（blanket term）"来使用，但是几种不同的外力作用可能导致了上述回答效应。第一，受访者无疑倾向于把自己打扮得"更漂亮"而避免"难看"。第二，调查有时会询问一些问题，而这些问题的答案事实上可能会对受访者造成威胁。当调查询问吸毒、酗酒或性伴侣数量等问题时，这些答案（如果问得出来的话）可能会给受访者带来离婚诉讼、丢掉工作，甚至刑事起诉等麻烦。如果回答某个调查问题会给受访者带来这样的风险,那么就不难理解为什么有些受访者宁可修饰答案,也不愿冒险给出正确答案,即使这种不当披露的风险极小。

第三,由于字面上的正确答案确实不是受访者想要自我反省的方式,因此受访者用一种相关但稍微不同的方式修饰了答案。当受访者修饰"没有酗酒"或"投票行为"等答案时,可能与受访者自我印象管理有很大关系,就像他们管理别人对他们自己的印象一样。

认识到这个缺陷不是"敏感的问题"而是"敏感的答案",是至关重要的。如果"是"的回答可能被视为不受社会欢迎的行为,那么这些问题往往被视为"敏感"问题。但是对回答说"否"的受访者来说,任何特殊行为都不是敏感问题。苏德曼和布拉德伯恩(Sudman and Bradburn,1982)曾让受访者评估敏感性问题,排名首位的问题是手淫频率。该问题排名首位可能是因为以下两个事实的综合作用:人们觉得肯定回答并不符合他们所要塑造的形象,而手淫又是一个很普遍的行为。对于那些不吸毒或不酒后驾车的人来说,有关吸毒或酒后驾车的问题就一点儿也不敏感。

记住"人们心目中的敏感之事各不相同"也是至关重要的。比如,询问人们是否有借书证就是一个相当敏感的问题。有些受访者把回答说"没有"解读成披露了对自己不利的事情(Parry and Crossley,1950)。于是,持有借书证被大大地过度报告了。还要记住,在正常情况下住院并不是一个特别敏感的问题,但是,对那些患有难以启齿或自认为不便公开的疾病而住院的受访者来说,住院事件可能是一个敏感的问题。

大致思考一下修饰答案的理由会引出这样一个看法:应该用尽量减少迫使受访者修饰答案的外界因素的方式来构建整个访谈活动。有些步骤影响了资料收集的程序,而不只是问题设计本身。本章以下部分概述了几种收集数据策略,能有助于尽量减少这些外力。这似乎可能有点离题了。但是,将数据收集程序与问题设计结合起来对收集有关敏感问题的良好数据是至关重要的。本节的另一个部分将专门论述能减少修饰的问题设计策略。

资料收集程序

研究者可用三个一般性步骤来减少修饰答案：

1.确保回答的私密性，对隐私保护是否适当进行有效地沟通。
2.尽可能对准确回答的重要性进行清楚地沟通。
3.减少访员对数据收集过程的影响。

私密性（confidentiality）。调查研究者通常要向受访者保证他们的答案是绝对保密的。保密包括以下几个步骤：

1.尽量少用名字或其他简易识别符。
2.将识别符与调查答案分开。
3.将调查问卷锁在档案柜里。
4.严禁非工作人员接触填好的调查答案。
5.注意妥善保管调查问卷。

此外，如果调查研究者收集数据明显让人担风险，比如在询问受访者有关违法行为时，受访者就可以寻求法律保护以免遭到起诉。福勒（Fowler，1993）对这些问题做了比较详细的论述，而希伯（Sieber，1992）的论述比福勒要详细得多。

对保密性的主要威胁是有可能将受访者与答案挂起钩来。避免这种可能性的最好办法是绝对不要保存关于受访者与答案挂钩的信息。要做到这一点，可通过邮寄或自我填答法使回收问卷不带任何识别符。如果有识别符，研究者可尽快消除受访者与答案之间的联系，以此将泄密的风险降至最低。

然而，只有当受访者知道并确信自己受到保护时，这些步骤才能减少修饰调查答案现象。如果受访者受保护程度有限，根据研究伦理的要求，就要与受访者就这些有限性进行沟通。如果研究者认为，他们所承诺的有限保密会对答案产生相当大的影响，他们就应该修改程序以营造一个更有利于准确报告的环境。

强调准确的重要性。有时调查访谈的目标并不明确,尤其当有访员介入时,有些人际互动的规则可能会妨碍"获得准确报告"的目标。当我们与人交往时,通常希望以光彩的一面来展示自我,希望突出好的一面,希望取悦别人,希望尽量减少令人紧张不安的话题。这些外界因素可能会影响调查答案的准确性。如果受访者按这些准则行事,而不是尝试尽可能准确地作答,他们就有可能修饰答案。

研究者可采取某些步骤来减少修饰访谈的外界因素影响。最简单的步骤是,让访员向受访者解释清楚:提供准确答案是受访者所能做的最重要事情(Cannell, Groves, Magilavy, Mathiowetz, and Miller,1987;Cannell,Oksenberg,and Converse,1977)。

访员的日常培训要访员尽量淡化与受访者的个人关系。访员不要谈论有关自己的事情。他们也不要发表个人意见。他们应该说答案没有对错。他们应该建立一种切实可行的专业关系(Fowler and Mangione,1990)。

此外,坎内尔(cannell)提出,为了提高报告的质量,研究者可以用某些与修饰回答有关的办法来系统控制访员的行为。坎内尔及其同事评估了三种具体的办法(Cannell, Oksenberg, and Converse,1977;Cannell et al.,1987):

1.访员给受访者念一段具体说明,强调"提供准确答案"是访谈的题中之意,也是访谈最重要的东西。
2.让受访者在口头或书面上保证"在访谈中提供准确答案"。
3.对访员进行培训,以增强答题时的深思熟虑,杜绝有悖于获得完整和准确答案的行为。

以上这些做法旨在鼓励受访者力求做到完整和准确的回忆。它们也有为"准确性是首要目标"进行辩护的功用。坎内尔、米勒、奥克森伯格(Cannell,Miller, and Oksenberg,1981)发现这些程序似乎减少了受过良好教育者所报告的去年读书量,他们把这解释为降低了答案中的社会想望偏差。

减少访员的影响。访员如何影响受访者报告可能敏感的信息，这一直是一个颇有争议的问题。一方面，访员可能有助于激励受访者，确保他们受到保护，并与之建立融洽关系，从而提高了受访者准确答题的可能性。另一方面，"用答案将自己呈现给别人"这一事实以积极的方式增加了修饰答案的外力。有关这一主题的数据并不总是支持一种观点或其他观点，两者都可能是正确的。尽管如此，大量的证据表明，让受访者用自填的形式来回答问题，而不是把答案交给访员，就可以降低受访者按社会想望来修饰答案的可能性（Aquilino and Losciuto, 1990；Fowler, 1993；Mangione, Hingson, and Barret, 1982）。

为了降低访员对数据收集过程的影响，除了使用邮寄调查或小组管理调查（受访者填答问卷，再将问卷投进箱里）等不涉及访员的程序外，至少可以对三种使用访员的调查方法进行改进。

第一，一个相当成熟的策略是，使用一系列自填式问题。访员可以给受访者一本"问题手册（booklet of questions）"。受访者可以在访员看不到答案的情况下填答问题，并将答案放进信封里封好。最近对吸毒的研究清楚地表明，与回答访员的提问相比，受访者在自填式问卷中更有可能报告目前或最近的吸毒情况（Turner, Lessler, and Gfroerer, 1992）。

第二，有关这个方法的现代版是借助"电脑辅助的个人访谈（CAPI）"来实现的。这种数据收集程序是，将问题显示在屏幕上并通过某种数据输入过程来进行回答。如果研究者希望对一组问题进行保密，只需要将电脑交给受访者，让受访者看着屏幕上的问题自己作答，而无需访员参与。为了对在医院、学校或工地等固定场所工作的受访者进行研究，可以安装电脑并用类似的方法从受访者那里收集数据。

第三，"全国健康访谈调查"用新技术来研究青少年的健康风险行为。为了确保答案的私密性，使青少年不受访员介入的影响，将敏感问题录制在只有通过耳机才能听见的收录机里（如随身听）。受访者收听磁带播放的问题，然后在答题纸上填写答案。所有旁观者、访员或家长都不知道受访者在回答什么问题。

为了减少使人们修饰答案的外力,尤其当调查内容可能特别敏感时,应该对收集数据的每一个方面进行斟酌。但是,这些并不能取代良好的问题设计。下一节将论述如何设计调查问题来减少答案的修饰。

问题设计的选择

有四种一般策略可用来设计问题以减少答案的修饰:

1. 采取措施来提高受访者认识:为了实现研究目标,一个问题是恰当和必要的。
2. 采取措施来打消受访者的顾虑:答案会对受访者本人不利或用于不合适或不当的地方。
3. 调整受访者答题的详细程度,以影响受访者对提供信息的感觉方式。
4. 让受访者完成"用代码作答"的工作,而研究者和访员都不能直接破解这个代码。

问题的适当性。询问收入可能是让调查研究者最头疼的问题。访员经常提起这样的事:有些受访者欣然回答艾滋病风险行为等好像挺隐私的问题,却唯独不愿回答有关家庭收入的问题。

这个社会肯定有一种观点认为"收入是不能公开谈论的隐私"。还有,受访者能否看清具体问题与研究目标之间的关系显然影响了受访者回答调查问题的意愿。当受访者同意参加有关健康或政治观点的调查时,为什么研究者还要知道受访者的收入,这并不是不言自明的事情。

当然,研究者会说,收入是人们所拥有资源的一个指标,也可能是他们所面临的一个问题。

关于收入的信息有助于描述和解释其他答案的意义。当问题的目的并不十分明确的时候,向受访者解释这个目的是合情合理的。尽管有些受访者可以回答任何问题,也不担心问题的目的,但是向受访者明智地解释为什么要有这些问题,只会有助于受访者提供准确的信息。

　　同样主题的另一种形式是:有些问题对某些人群而言似乎并不合适。一个范例是最近对设法确认人感染艾滋病风险程度的系列研究,研究者想了解危险性性行为。方法之一是询问人们在性交时是否使用避孕套。

　　然而,事实上使用避孕套只涉及那些有高危伴侣或伴侣危险状态未明的人。美国社会大多数成年人是一夫一妻或者暂时没有性伴侣。如果人们相信自己的性伴侣没有感染 HIV 病毒,询问他们性生活的细节似乎是(而且可能是)冒犯,而且它所提供的信息与 AIDS 风险无关。但是,对有多个性伴侣的特殊人群来说,询问有关使用避孕套的情况就绝对有道理。

　　当我们首次从事有关感染艾滋病危险行为的调查时,我们的预调查问卷向所有受访者询问了有关使用避孕套以及其他增加传播风险的性行为等问题。访员和受访者都觉得这些问题相当棘手。对许多性生活不活跃或一夫一妻的受访者来说,这些问题让人觉得是冒犯,而且问题目的也匪夷所思。

　　后来研究者修改了访谈问卷,先问受访者在过去的一年里有过多少性伴侣。此外,还询问一夫一妻的受访者他们的伴侣是否有任何危险。一旦确认了非一夫一妻人群或报告说有高危伴侣的人群,就去询问有关性行为的保护问题。对这个人群来说,不论是访员还是受访者都可以清楚地看到为什么这些问题是有道理的,而且整个系列问题进行得更顺畅了。

　　从某种意义上说,这是一个在研究分析中就提前思考答案目的的例子。只有当答案在解决研究问题中有明确的角色定位,研究者才应该向受访者询问问题。此外,如果受访者能够看清正确答案在解决研究问题中所扮演的角色,那么他们就会更愿意准确地回答问题。

　　处理答案的含义。引起人们修饰答案的主要外力是,他们担心会被错误归类,担心所提供的答案会以一种他们认为不恰当的方式加以编码或评判。因此,他们用一种他们认为会提供更准确信息的方式来修饰答案。

受访者寻求他们的答案会怎样被解读的线索。研究者在设计问题时尽量不要让受访者看出他们的答案会受到怎样的评判,这样就可以减少修饰答案。

有三个一般方法:

1. 研究者在起草问卷说明(introductions)或一系列问题时,尽量不要让受访者感到有些答案会有负面的评价。
2. 研究者可以设计一系列问题,使受访者能够就答案含义说出自己的看法。
3. 可以设计回答任务来形成受访者对他们的答案会受到怎样评判的看法。

问题设计最古老的技术是,在问题说明中讲明两种答案或所有可能的答案都是可以接受的。例如,人们注意到,受访者往往虚报他们的投票次数和借书证数量(Parry and Crossley,1950)。这种虚报的原因是,受访者担心研究者会妄加推论不投票者不是好公民,无借书证者就是没文化或没有文学品位。某些人觉得这样的分类不合适,就会修饰答案,好让他们更符合社会的想望,或许让他们沟通起来更像是他们认为自己所属的那一种人。

例 2.16:在去年十一月的总统选举中,你投票了吗?

例 2.16a:我们知道,人们有时不去投票,是因为他们对选举不感兴趣,工作脱不开身,迫于家庭的压力,或许多其他原因。请回想一下去年十一月总统选举时,你实际上有没有投票?

评论:这个说明旨在告诉受访者,人们不去投票的原因很多,与是不是好公民没有关系。希望受访者在给出"没有"答案时感觉更轻松,因为他们了解到研究者知道有人可能没去投票的某些充分理由,即某些完全为社会所接受的理由。

补充评论:人们也应该注意到,该问题用了语气可能较弱的

"有没有"提供了两种选择。这个特殊问题表述得不太均衡。然而,受访者有时用来探求调查者偏好的线索是:当起草问题时,两种选择是不是给了同样的作答时间,因而可能是不是给了同样的可接受性。

例 2.17:你有借书证吗?

评论:这样表述的问题往往使受访者误以为研究者希望得到"有"的答案,甚至也没有列出否定的选项。事实证明,当问及这类问题(是个诱导性问题)时,由于没有同时列出两个选项,人们实际上更可能回答说"有"而不是"没有"。

可替代的例子 2.17a:许多人从图书馆借书,其他人则自己买书、订阅杂志,或用其他方式来获取阅读资料。请问你现在有或没有一张借书证?

评论:这个问题为"回答说'没有'也是可接受的"提供了某些合理的、为社会所想望的理由。它试图让受访者放心:回答说"没有"不一定会被解释成"意味着受访者对阅读不感兴趣"。

对替代问题措辞的研究表明,在某些案例中,这些说明作用不大,但是在另一些案例中,这些说明又似乎有作用(Sudman and Bradburn,1982)。当研究者担心某个答案会比其他答案更容易让人接受或社会价值更大时,能够有助于减少这些外界因素影响的步骤是:在问卷中加上这些说明让受访者放心,在研究者眼里这两个答案都是合理的,任何一个答案都不会被解释为有损于受访者的形象。

例 2.18:你昨天一共喝了几杯酒?

评论:受访者往往不喜欢像这样的"围绕自己身边"的问题,因为他们可能并不认为昨天的行为是典型的。尤其当受访者昨天喝得比平常多,他(她)可能就不愿意给出这个答案,部分是因为它被视为误导。

可替代的例子:

例 2.18a:当你喝酒时,通常喝几杯?

例 2.18b:你认为你昨天喝酒比平常多,比平常少,还是与平常不相上下?

例 2.18c:请问昨天你一共喝了几杯酒?

通过这一组问题,研究者就可以知道受访者平时的酒量,昨天的行为是否有代表性和典型性。由于受访者有了答案的语境,因此受访者就更容易给出正确的答案。

洛夫特斯、史密斯、克林格和菲德勒(Loftus,Smith,Klinger,and Fiedler,1991)引述了一个相似的例子。

例 2.19a:在过去的两周里,你是否看过病或与医生谈论过你的健康状况?

例 2.19b:你上一月是否看过病或与医生谈论过你的健康状况?

事实证明,按不同的顺序来问这两个问题,就会得出不同的看病次数。如果按上面的顺序来问,即先问"例 2.19a"问题,那么受访者就会报告更多的看病次数。此外,洛夫特斯等人提出,用这个顺序问出更多的看病次数源于过度报告。显然,如果受访者最近看过病,但不是在过去两周里看病,就往往想把它也报上去。实际上他们认为,准确报告只不过意味着,即使他们并不是在确切的过去两周内看过病,但他们就是最近看过病的人。不过,如果把这两个问题的顺序颠倒一下,过去四周里看过病的受访者就有机会与访员就"他们是最近看病的那一类人"进行沟通。因此,他们更容易理解"两周"的含义,他们的报告也会准确得多。

毫无疑问,问题顺序有其固有的影响,既有认知的原因又有动机的原因。改变问题顺序另一个可能影响是,当问题说"两周"时,研究者实际表达的是"两周",而不是更常见的"最近"。尽管如此,想要进行适当归类的倾向无疑是其中的一个因素。

需要注意的是,报告的时间跨度与社会想望之间的关系遵循着更一般的原则。承认某人"曾"吸过大麻比说某人"最近"刚吸过大麻让人感到威胁更小。相反,说某人在上次选举中没有投票比说某人从未投票让人感到威胁更小。这两个案例的关键问题是:从答案能看出受访者是什么样的人。重新做人的"罪人"(尤其是罪孽深重)和偶尔犯错的高尚之人是大多数人愿意呈现的形象。目标是让受访者用一种积极方式来呈现自己,同时他们也提供了所需要的信息。关注"报告期间"与"答案所要传递的信息"之间的互动关系是实现这个目标的步骤之一。

苏德曼及其同事用另外一个例子说明,让受访者为答案提供语境怎样能提高报告的质量(Sudman and Bradburn,1982)。他们所关注的还是酒量。

例 2.20a:一般而言,你认为你的酒量比你的朋友大、比他们小,还是与他们不相上下?

例 2.20b:想一想谁是你所认识的最能喝酒的朋友? 你认为这位朋友通常大概能喝几杯?

例 2.20c:你的酒量呢? 当你喝酒时,你通常能喝几杯?

苏德曼和布拉德伯恩发现,如果先问前两个问题,那么第三个问题答案的平均值会高很多。他们推测,原因就在于这一系列问题使受访者能为自己的答案提供某种语境。如果没有例 2.20a 和例 2.20b 这样的问题,受访者就会有所顾虑:研究者认为喝几杯才算是"过量"。这样就会有保守一点的压力,把所要报告的饮酒杯数减少一些,以降低可能受到的负面评价。然而,如果有了前两个问题,受访者就可以为他或她在社交场合喝几杯才算"很多"提供某种语境。这一系列问题几乎保证了受访者至少会报告一位比他/她更能喝酒的人。如果受访者有了这样的基准,就更容易准确地报告自己的日常行为。

这里有必要说明一下苏德曼和布拉德伯恩研究的另一个例子。这个问题还是与饮酒有关。

例 2.21：当你喝酒时，你通常喝几杯酒——你会说一杯，两杯，三杯或更多？

评论：在这个问题中，回答类别本身就"答案会被如何评价"与受访者进行沟通。如果有了这些答项，受访者就有理由得出结论：三杯或更多是酒量大的类别，即研究者恰好关心的最高酒量。

替代的例子 2.21a：当你喝酒时，你通常喝几杯酒——你会说一两杯，三四杯，五六杯，七杯或更多？

评论：读者在得知对这一问题回答说"三杯或更多"的人多于上一题回答说"三杯或更多"的人时，将不会感到意外。在第一题里，三杯是最多的酒量，而在第二题中三杯却只是相当温和的酒量。这些回答类别暗示研究者认为有些人能喝酒七杯或更多。

事实上，苏德曼和布拉德伯恩发现，询问这个问题最好的方法是，不列出答案类别，即询问开放式问题，让受访者自己给出数字。虽然有时将答项分类可能更容易完成回答任务，而且可能是正确的决定，但是研究者应该意识到，回答类别给受访者提供了有关他们认为答案范围可能有多大的信息。

最后，觉察到的问题目的会受到相关问题主题的影响。例如，有关饮酒问题的含义，似乎会随其后是否有关于吸食可卡因和大麻的问题，或关于饮食问题，或人们采取措施来降低心脏病风险的问题而迥然相异。

例 2.22：研究表明，某些做法涉及降低心脏病发作的风险。我们想知道人们所做的事情可能会影响到心脏病发作的风险。例如，在过去的 7 天里，你有几天做过以下的事情？

a.服用阿司匹林。

b.至少体育锻炼 20 分钟。

c.至少喝一杯酒、一罐啤酒或含酒精的饮料。

评论:显然这个问题看起来与有关吸毒或酒后驾车调查的同样问题大相径庭。

上述几种方法的共同主题是:尽量不要让受访者觉得他们的答案会受到负面的评价。让受访者提供某个评价的语境并尽量不要让研究者的判断出现在问题里,这两种方法可能有助于受访者更轻松地为直接事实的问题提供准确的答案。

尽量减少详细的答案

上面的讨论验证了结构化程度较低的回答任务似乎对报告有积极的影响。然而,相反的情况也可能是正确的。在某些情况下,用宽泛类别作答比提供详细答案压力要小得多。

例 2.23a:以最接近的千元为标准,请问你的年薪是多少?

例 2.23b:请问你的年薪是:低于 30 000 美元,30 000 ~ 60 000 美元,高于 60 000 美元?

评论:大多数读者无疑会觉得第二个问题比第一个问题更不易引起修饰答案。当然,第二个问题的答案所提供的信息要少得多。但是,正是缺信息、缺细节才使问题更容易让人接受,压力更小。

电话调查经常使用这种方法的另一种形式。用像例2.23b这样的宽泛类别来询问受访者的收入。有时再问 1~2 个后续问题来进一步细化这些宽泛类别。比如,对回答说"低于 30 000 美元"的受访者,可以询问这样的后续问题:

例 2.23c:你的年薪是低于 10 000 美元,10 000 ~ 20 000 美元,高于 20 000 美元? 这样,当受访者回答两个各含 3 个选项的问题时,他们实际上被分成 9 个收入类别。

思考一下所需收集数据的详细程度是问题设计过程的一个重要环节。从分析的观点看,人们往往更容易收集详细一点的信息,然后在分析阶段把答案合并成大类以产生有用的数据。但是,这样做却把负担转嫁给受访者。在有些情况下,研究者让受访者提供不太详细的信息,可能是最好的办法。这种策略可以得到较高的回复率和较少的回答修饰。

用代码来回答问题。在以上所有的策略中,我们讨论了如何提出收集数据的任务以及如何设计问题来提高受访者向访员提供准确答案的可能性。还有另外一些策略,可以绝对防止研究者、访员或任何其他人知道受访者的真实答案,而这些结果也可以产生有用、可分析的数据和估计值。

下面是目前所使用的《全国健康访谈调查》对受访者感染艾滋病风险比率估算的例子。这些问题如下:

例 2.24:以下表述对你来说是否正确?

a. 你患有血友病,1977 年以来已经接受凝结功用浓缩剂的治疗。

b. 你是 1977 年后来到美国的海地人或非洲中东部人。

c. 你是 1977 年以来曾与其他男性有过性行为的男性,哪怕只是一次。

d. 你 1977 年以来曾用针筒注射过非法毒品。

e. 你从 1977 年以来一直是对上述任何问题回答说"是"的人的性伙伴。

f. 你从 1977 年以来曾为了金钱或毒品与人有过性行为。

评论:一个"是"的答案确实意味着,受访者至少做过上述列表中的一件事。但是,它并没有告诉访员或研究者任何特殊的活动或危险因素。只有受访者自己才知道为什么他或她处境危险。虽然提供"是"的答案仍可能有悖于社会想望,但是,比起对个别问题回答说"是"或"否",对像这样的问题回答说"是"可能要容易得多。

不过,研究者还可以用更复杂的方法来估算严重社会不良或非法行为或事件的比率。这个方法叫作"随机回答法(random response method)",需要使用毫不相干的问题(Droitcur,Caspar,Hubbard,et al.,1991;Fox and Tracy,1986;Greenberg,Abdel-Latif,and Simmons,1969)。

例 2.25:
a. 你上个月吸食过大麻吗?
b. 你母亲的生日是在六月吗?

程序:将像上述这样的两个问题呈现给受访者,然后设计某个程序来指定受访者回答其中的一个问题,必须将程序设计成这样:只有受访者,而不是访员才知道将要回答的是哪个问题。

研究者已经使用过的程序有:让受访者投掷硬币,或使用只有受访者才能看见的彩球选号系统来指定将要回答的问题。

让我们以掷硬币为例,因为它最容易解释清楚。假设我们让受访者投掷硬币,只有受访者才能看到结果。我们告诉受访者如果硬币正面朝上,他将回答"A 问题"。如果硬币背面朝上,他将回答"B 问题"。必须用"是"或"否"的形式答题。

这样,尽管访员知道答案是"是"或"否",但是他们无法知道受访者正在回答的是"A 问题"还是"B 问题"。

这对研究者有什么用呢? 请看表 2.1。

20%的受访者回答说"是"。我们知道有一半受访者回答了"B 问题",而所有回答该问题的受访者给出答案"是"的实际比率略高于 8%(如 1/12)。因此,20%回答说"是"的受访者中约有 4%可以归因于其母亲是 6 月出生的受访者。这意味着,余下 16%的样本回答说"是",是因为他们在上个月曾吸食过大麻。此外,由于只有半数样本回答"A 问题",因此我们估计,约 32%的受访者上个月曾吸食过大麻。

表 2.1　使用随机回答法所做的估算

	对所有问题的回答	对无关问题的估计回答*	对目标问题的推论回答	对目标问题修正百分比回答
是	20%	4%	16%	32%
否	80%	46%	34%	68%
	——	——	——	——
	100%	50%	50%	100%

*无关问题是"你母亲是否在六月出生?"半数样本被问到这个问题。另一半样本被问到目标问题:"上个月你吸食过大麻吗?"

对已尝试过的同样的想法进行不同的应用。

例 2.26a:请你做以下的加法运算。请将你上周吸大麻的天数与你家现有可用电视机台数相加,总数是多少?
例 2.26b:你家目前有几台可用电视机?

程序:访员向一定比例的受访者询问"A 问题",向余下的受访者询问"B 问题"。从询问"B 问题"的样本中,研究者可以估算出可用电视机的分布。因此,"A 问题"答案均值与"B 问题"答案均值之差,就是回答"A 问题"的受访者所报告的他们上周吸食大麻的平均次数。

这些方法明显有一些缺陷。第一,访谈很费时。访员不得不向受访者解释他们是如何操作的,并让受访者相信实际上无人可以弄清答案对特定的个人到底意味着什么。

第二,为了让受访者觉得可信,对无关问题的选择必须深思熟虑,以免受访者觉得暴露了自己,因为"是"的答案对无关问题来说极少发生,或者因为他们认为有人可能会猜到无关问题的答案。例如,在第二个有关吸食大麻的例子里,每天"吸大麻"的人可能不太愿意做加法运算,因为普通人家里不可能有 7 台可用电视机。

第三,对"回答哪一个问题"进行沟通的策略是:让受访者确信访员不能轻易猜到他们正在回答的是哪一个问题。

第四,不可能在个体层面上进行分析。人们也应该注意到,这些估计的标准误差是以回答目标问题的人数,而不是整个样本的人数为根据的。因此,比起通过直接向每个受访者发问就收集到同样的信息,使用这个方法所产生的标准抽样误差要大一些。尽管如此,可以用这些方法来估计各种特定亚人群的比率以及总人口的比率。

这些缺陷说明了这样的事实:随机回答法及其变化形式在调查研究中并不十分常用。此外,也许因为其复杂性,这些方法肯定尚未消除报告的误差。尽管如此,它们有时也证明,这些方法所产生的估计值似乎要比研究者直接提问所能得到的估计值更加精确(Greenberg et al.,1969)。而且它们绝对保护了受访者,因为没有任何东西能把某种报告的行为与某位受访者特别地联系在一起。

小 结

本章讨论了许多有关减少外力以避免不符合社会想望答案的策略,有些策略如随机回答法只用于一些被视为非常敏感的关键测量。例如,如果研究者想要估算一下人们违法行为的比率,而估算是研究的主要目的,那么可能就值得用随机回答法通过 5～10 分钟的访谈来获得两个答案。不过,精心设计的自填式数据收集策略可能对改进不符合社会想望资料的报告也同样有效。

对大多数研究的主要忠告是:①确保受访者答案的私密性,并就此与受访者进行沟通。②向受访者讲清楚,准确性比自我形象更重要或者比与访员搞好关系更重要。③在设计问题时,尽量不要让受访者觉得自己的答案会受到负面的评价。

这些步骤可能会提高一项调查每个方面报告的质量,而不仅仅限于那些被认为是特别敏感的方面。研究者无法知道某个问题何时会引起受访者的难堪或不安,在设计调查工具时应该尽量不要让这些感觉来影响任何被问问题的答案。

结 论

本章有许多关于设计好的问题的建议。基本指导方针是询问受访者能够理解的问题以及他们能够回答且愿意回答的问题。为了把这些方针应用于实践,就要:

1. 避免模棱两可的话;界定问题的关键术语。
2. 尽量降低受访者回忆和报告任务的难度。
3. 如果目标是引出特别的定义或者是很难回忆的事情,就要使用多重问题。
4. 鼓励用联想和其他助忆方法来帮助受访者进行回忆并给事件确定时间。
5. 确保所提供的答案形式符合所要描述的现实。
6. 对资料收集的每个方面进行设计,尽量不要让受访者感到提供不准确的问题答案最符合他或她的利益。

3

用来测量主观状态的问题

本章探讨了对人们的知识、看法、感觉和判断等主观状态的测量。正如前文所说，测量主观状态的一个显著特征是，问题的答案实际上没有对错之分。"对"可能意味着有一个评估答案的客观标准。虽然可以对答案与其他信息的一致性进行评估，但是还没有什么直接的手段可用来了解人们的主观状态，而人们的主观状态并不依赖于他们对我们说了些什么。

这并不是说，设计测量主观状态的问题就毫无标准可言。这些标准基本上与有关事实问题的标准相同：所有受访者应该一致地理解问题，以便他们都回答了同样的问题。回答的任务，即要求受访者回答问题的方式应该是受访者能够一致完成的任务，这一任务提供了受访者所要说出的有意义信息。

迄今为止，最多的调查问题是获取受访者对自己或对他人的看法或感受。大多数这类问题的基本任务是将答案放在某个单一的、界定明确的连续量表上。对描述性问题而言，可用"热到冷""慢到快"，或"经常到很少"等形容词来界定某个维度，让受访者把自己或他们所做的评价置于这个维度上。如果问题涉及判断或感觉，那么评价的维度将是"正面到负面"的一些变化值。本章的大部分内容将专门讨论这些问题的设计。

与设计用来测量知识的问题一样，设计用来测量受访者同意或支持某些观点的问题，引出了一些不同的议题。本章最后几节将分别讨论这些特殊的议题。

对人、地、事的描述和评估

下面是有关问题目标的例子。这些例子并不想在措辞上多加考究,而是要确定问题设计所要达成的一般性信息目标。

例 3.1a:医生对你有多友好?
例 3.1b:你认为总统是开明的、保守的,还是介乎两者之间?
例 3.1c:与本市其他街道相比,这个街道的犯罪率如何?

这类问题可能看起来属于第 2 章的内容,即涉及有关客观事件的报告。例如,对有关犯罪率问题的回答既可以看作对犯罪率的客观测量,也可以看作对人们观点的测量。虽然人们可能对医生的友好、总统的开明、犯罪率有一致的看法,但这些特性却因人而异。如果有位受访者说某位医生不友善,那么即使其他人有不同的意见,但这个答案却有其自身的真实性。

这涉及有关自我看法的问题。常见的例子有:

例 3.2a:你经常快乐吗?
例 3.2b:你对政治事件的兴趣有多大?
例 3.2c:你投票的可能性有多大?

所有这些问题都要求受访者审视自身,把有关自己的信息汇总起来,从中概括出某种类型。除了让受访者描述自己外,研究者还要求受访者把这些看法与某个客观标准或自我设定的标准进行对照。

例 3.3:你认为你现在的体重是:过重,刚好,太轻?

可以用基本框架相同的问题来实现上述所有这些目标。这个框架有三个组成部分：

1.要评价什么？
2.在什么维度或连续量表上来评价对象？
3.提供给受访者的连续量表有什么特征？

界定所要评价的东西

像所有调查问题一样，当设计像这样的问题时，每个人都在回答同样的问题是至关重要的。

例 3.4：你怎么评价你的健康状况——极佳，很好，好，尚好，差？

与任何其他单一的问题相比，这个问题可能在健康调查中用得更多，它经常被证明是对健康状况一个有效且有用的测量。尽管如此，获悉受访者没有一致的"健康"概念，可能并不令人惊讶。有些人关注健康状况的外表，而有些人则关注自己对健康感觉的程度，或自己生活健康的程度。虽然这些概念可能是相互关联的，但是让人们回答不同的问题并不足取。如果所有受访者都有标准化的健康概念，那么问题解释所造成的方差就较小，因此更真实的方差就与受访者答题时的看法有关。

例 3.5：一般而言，你认为政府官员关心你的利益：很多，有些，很少，从不？

"政府官员"是非常异质性的群体，受访者心目中的政府官员形象可能会影响到他们如何回答这个问题。例如，与州政府和联邦政府相比，人们一致认为当地政府有更多的回应。与政府行政部门的官员相比，人们对选举出来的官员可能有不同的评价。如果人们的答案会因他们解释问题方式的不同而有所变化，那么就在这些答案中引入了一个新的误差来源，这些答案是对研究者所要测量的东西不怎么好的测量。

例 3.6：你认为犯罪是：大问题，小问题，不是问题？

"犯罪"也是异质的。人们会把白领犯罪、毒品交易和持枪抢劫概括成一种犯罪吗？如果受访者关注不同的犯罪，并不令人惊讶。但是这个特别的问题并没有详细说明犯罪所在地是街道、市区、当地，还是全国。受访者的视角也会对答案产生影响。比起一般的犯罪，人们通常会把自己家门口的犯罪问题说得不怎么严重。如果研究者能更清楚地说明所要评价的东西，好让受访者一致地解释所要评价的东西，那么就会有更好的测量。

回答的任务

为了从受访者那里引出答案，研究者制定了许多策略。最常见的任务是，对置于某个连续量表上的回答目标做某些调整。此外，可能还要求受访者：

1. 用"同意—不同意"形式作答。
2. 给几个对象排序。
3. 用叙述或开放的形式作答。
4. 使用量级估计技术（magnitude estimation techniques）。

下面从一个直接评价任务入手，逐一讨论这些不同的回答任务。

界定评价的维度。图 3.1 界定了一个从肯定到否定的连续量表。研究者可以用多种方式向人们描述这样的连续量表。他们也可以用多种方式让受访者把答案置于连续量表的某个位置上。

例 3.7a：总的来说，你如何评价你的健康状况——极佳，很好，好，尚好，差？
例 3.7b：设想有一个 0~10 分的量表，10 分代表了最好的健康

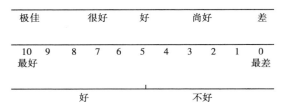

图 3.1 评价连续量表的例子

状况,0 分代表了最差的健康状况,中间数字则代表了最好与最差之间的健康状况。哪个数字可以代表你今天的健康状况?

例 3.7c:总的来说,你认为你有良好的健康状况吗?

以上三个问题都使用了同样的连续量表,询问了同样的问题。它们的差别只在于使用连续量表的方式。

第一个问题的健康量表被分为 5 个类别,每个类别用从"极佳"到"差"的形容词来标识。第二个问题使用了同样的量表,但是只在量表的两端作标识,允许受访者使用 11 个而不是 5 个不同的回答类别,不用形容词来标识中间类别;受访者可以随意使用 0~10 的任何数字。然而,在这两个例子中,回答选项都有明确的顺序。第一个问题的"很好"要优于"好",而第二个问题中"8 分"要优于"6 分"。

第 3 个问题不过是同样问题的不同形式而已。连续量表被分为 2 个类别,而不是 5 个或 11 个类别。用"好"来标识正面类别,而用"不好"来含糊地标识负面类别。

这些问题的各种差异关系到相应的测量。所有这些问题都界定了某个单一的维度,并向所有受访者非常清楚地说明了回答任务。而且可能符合定序测量的基本预设:比起把自己划入较低类别的人,把自己划入较高类别的人一般会给出比较正面的答案。

无论是用形容词还是用数字来标识某个连续量表,人们显然可能会用不同的方式来使用量表。某人认为"好"的健康状况,另一个人可能只说是"尚好(fair)"。如果受访者用不同的方式来使用量表,就会产生测量误差。除了人们看待自己所评价事物的方式之外,任何影响回答的因素都会降低回答的效度。

回答任务的一个重要标准是:它界定了某个单一的维度,受访者所选择的回答类别有一个清晰有序的组成要素。

例 3.8:你觉得你家的草坪如何? 你会说:

很满意

有些满意

满意

不满意

评论:许多观察者会说,"有些满意"是比"满意"稍低一点、较为否定的类别。如果有些受访者与观察者有相同的判断,把"满意"视为第二个最正面的类别,那么就违反了有关回答的定序预设,会在测量中引起严重的信度问题(unreliability)。如果用形容词来标识,那么明确的排序是至关重要的。

例 3.9:下面哪一个形容词能最好地描述你的医生?

很能干且有条理(businesslike)

很能干且友善

较能干且友善

较能干但不友善

评论:很显然,上述回答类别有两个维度:能干和友善。这组特定的回答类别甚至没有以系统的方式来穷尽两个维度的所有可能性。作为一般的规则,让受访者同时处理两个维度是错误的。好的调查设计会让受访者在某个单一、明确界定的维度上来选择答案。

类别或量表的特征。如果目标是让受访者在一个连续量表上标出自己或其他事物,那么就要对提供给受访者的量表或回答任务的特征进行选择。两个主要的问题是:

　　1.要提供多少类别?
　　2.用数字还是用形容词来界定量表?

　　一般而言,评价任务的目标是为研究者提供尽可能多的有关"受访者与其他人所处相对位置"的信息。考虑一个由正面到负面的连续量表(如图3.1所示),最后的问题是:

　　例3.10:总的来说,你认为总统的工作表现是"好"还是"不怎么样"?

　　这个问题把受访者分为两组。这意味着该问题所提供的信息不太精确。回答说"好"的受访者要比说"不怎么样"的受访者来得更正面些,但是却没有提供有关所有回答说"好"的受访者相对感受的信息,尽管他们对总统工作表现的正面评价可能差异很大。
　　另外一个问题是答案的分布。在上例中,假设大多数受访者以一种特别的方式来回答问题,例如,假设90%的人回答说,总统的工作表现"好"。这个例子的问题就没有什么价值。这个问题给我们提供有意义的信息,只涵盖了约10%的受访者,即10%回答说"不好"的那部分人。与提供同样答案的其他人相比,90%回答说"好"的受访者就完全不知道自己所处的位置。
　　这个分析应该表明,在考虑回答任务的最好类别时,有两个一般原则。第一,如果可以获得有效的信息,多一些类别比少一些类别来得好。第二,一般而言,连续量表上最好的一组类别会尽量让人们分布在各个不同的回答类别上。
　　如果考虑到这些,那么有用类别的数量是否有任何限制呢?类别总是越多越好吗?对"用更多的类别来获得更好的测量"这一原则来说,至少有两个制约性因素。第一,人们用量表来提供有意义的信息似乎有实际的限制。虽然量表上最好类别的数量可能随维度的变化而变化,也可能随受访者或被评价项目分布的变化而变化,但是大多数研究表明,超过10个类别的回答任务并不能提供什么新的有效信息(Andrews,1984)。如果超过了10个类别,人们似乎不再提供新的信息,所增加的变异量(variation)似乎主要反映了人们使用量表的不同方式。事实上,对大多数评价任务而言,5~7个类别可能是大多数受访者能够有效使用的类别数量。

第二个议题与便于管理有关。如果调查问卷是自填式的,即受访者自己填答问题,或者调查问卷是由访员来管理的,好让访员能够给受访者提供一份回答类别清单,那么一长串的量表切割点就不会有任何特别的问题。但是,如果调查是在电话里完成的,那么受访者为了回答问题,就必须记住所有的回答选项,而人们记住复杂类别清单的能力显然是有限的。

当在电话里念读冗长、复杂的量表,人们有时发现这个方法也会产生偏差,因为受访者不能记住这些选项。例如,受访者往往对开头和结尾的类别记得比中间的类别更清楚(Schwartz and Hippler,1991)。当在电话里念问题时,研究者经常喜欢使用只有3个或4个回答类别的量表,以减轻回答任务并确保受访者在回答问题时知道所有的回答选项。

第三个独立的议题是用数字标记还是用形容词标记。偏爱形容词量表的主要论点是:使用形容词可以更一致地标定所有切割点。

看下面的问题:

例3.11a:在一个从0分到10分的量表中,10分代表最正面,0分代表最负面,你如何评价你昨晚所看的电影?

这个回答任务尽可能明确地界定了两个极端。但是,"5分"的涵意可能有点模糊不清。"5分"是不是由"负"变"正"的中性点?这是否意味着,如果某人的"净感觉(net feeling)"是正面大于负面,就只能用6分或更高的分值?另外,人们是不是把这个量表更多地当作温度计或感觉刻度器来使用,实际上是在评价正面的程度,而不是越过中点来做负面的评价?

这些不只是假设性问题:

例 3.11b：设想有一个从-5 分到+5 分的量表，+5 分代表最正面，-5 分代表最负面，你会给昨晚所看的电影打几分？

如果 5 分在第一个问题里始终作为从 0 分到 10 分的中性点，那么这两个问题的结果应该是相同的。事实上，它们并不相同。一般来说，与人们在回答第一个问题时给出 6 分或更高的评价相比，人们更有可能用第二个问题来给出正面的评价，而且，分布也不相同（Schwarz, Knauper, Hippler, Noelle-Neuman, and Clark, 1991）。几乎可以肯定地说，人们是用不同的方式来使用 10 点量表的中间区域。

通过界定人们应该将什么含义赋予中间数字，就可能提高一致性。不过，这种方法倾向于用形容词来标识切割点。通过用形容词来标识连续量表上所有的回答选项，人们或许可以更一致地使用量表。

事情的另一面是，很难想出一组形容词来标识大多数连续量表上 5 或 6 个以上的切割点。当研究者进行尝试时，有些形容词描述看起来彼此非常接近或相像，人们几乎不可能找到一系列形容词来界定 10 点量表。

数字标识的比较优势是：10 点数字量表便于记忆和使用。因此，在做电话访谈时，尽管可能很难教会受访者确切地记住和使用 5 或 6 个形容词，但是用数字来界定 10 点量表就相对容易得多。所以，如果有许多回答选项，使用由数字界定的量表，就可以提高在电话里完成评价任务的信度，而且也可以提高对不同数据收集模式进行主观评价测量的可比性。

最后，国际研究所面临一个问题是：如何对不同文化群体的主观状态进行一致测量。在美国研究中这样的问题也越来越多。人们发现，尤其用形容词来界定量表时，几乎不可能在不同语言之间进行准确无误地翻译。不同语言之间的形容词量表是不可比较的。

人们尚未充分地证明，如果使用数字量表，这些问题是不是就不那么严重了？不过，人们当然可以更好、更容易地翻译这样的量表,因为所有真正需要的是,对连续量表的两端进行适当地翻译。

总之,让人们用2~3个类别来回答评价问题,对受访者和访员来说都是一项比较容易完成的任务,但是,每个问题所提供的信息却比较少。与使用较少类别的评价任务相比,使用5~10个更多的类别将提供有关人们所处位置更有效的信息。对大多数回答任务而言,10个以上的回答类别可能没有增添多少有效的信息。

最后,在不同的情况下,使用形容词量表可能会得到更一致,因而更有效的测量。但是,只有对连续量表的两端进行界定,并对如何使用两端之间的切割点进行一般性讨论,数字回答量表才能发挥许多优势,并成为受访者完成评价任务的一个很好的方法。

使用"同意—不同意(agree-disagree format)"形式

在前面几节中,我们讨论了要受访者用形容词或数字将某物放在某个连续量表上,来对某物进行分类或评价。用"同意—不同意"形式也可以完成同样的任务。

这些问题的目标基本上与上一节所讨论的问题相仿:将人们在某个连续量表上排序。

例 3.12a:我喜欢艾克(Ike)(艾克是对艾森豪威尔的昵称——译者注)
例 3.12b:我的健康状况很好。

细想一下我们前面所看到的由正面到负面的连续量表。"对美国前总统艾森豪威尔的感觉"以及"对某人健康状况的评价"这两个表述都可以确切地放在某个连续量表正面的那一端。

如果问受访者同意或不同意这些表述,他们基本上会说,他们的看法大致落在连续量表上正面的那一端,距他们所看到的"我喜欢艾克"或"我的健康状况很好"等陈述的位置有一段适当的距离。

例 3.13a:我有时抑郁。

　　这个表述会落在连续量表的中间(如图 3.2 所示)。它处在"我经常抑郁"和"我很少或从不抑郁"之间的某个位置上。如果询问受访者同意或不同意这样的表述,那么当某人说不同意时,就有一个解释问题。某人说不同意,是因为"我有时抑郁"似乎低估了问题或高估了问题。作为测量,这些结果是不可接受的。为了对这些答案做出解释,就必须选取量表上的不同切割点来标识这个主要问题。

　　　　例 3.13b:我经常抑郁。
　　　　例 3.13c:我很少抑郁。

　　用"同意—不同意"或"对—错(true-false)"策略将被评价对象放在量表上,这种做法有以下几个缺点:

1. 连续量表一端的选项必须是明确的,以便对"不同意"答案进行确切的解释。
2. 问题往往在认知上是复杂的,不同意某人很少抑郁是说某人经常抑郁的一种复杂形式。
3. 即使提供了四个选项(如非常同意、同意、不同意、非常不同意),也通常在"同意"与"不同意"这两个回答类别中来分析答案。因此,这些问题并没有提供更多的信息。
4. 教育程度较低的受访者有顺从的倾向,这使他们特别有可能在"同意"方向上作答。这种倾向性使康弗斯和普雷瑟(Convers and Presser,1986)等人建议研究者不要使用这种问题形式。

| 总是 | 通常 | 经常 | 有时 | 很少 | 从不 |

图 3.2　频率量表

　　就测量受访者对某些想法或政策的看法而言,不可避免地要用到这种问题形式。本章稍后部分会讨论这些问题。然而,如果目标是评价某物或将某物放在某个连续量表上,一个更直接的评价任务几乎总能把同样的事情做得更好。我们可以询问受访者是否同意这一表述:"我的健康状况很好",但是"你如何评价你的健康状况 —— 极佳,很好,好,尚好,差",这种问法问得更简单、更直接、更有效。

等级排序

有时,研究者要受访者在某个维度上来比较对象。

例 3.14:你喜欢哪一位候选人?

例 3.15:你认为这个城市所面临的最重要问题是什么?

例 3.16:当人们要决定在哪里居住时,会考虑以下一些因素。你认为其中哪个因素最重要?

　　　　靠近工作单位
　　　　学校的质量
　　　　公园
　　　　治安
　　　　购物便利

例 3.17:我会念你给一串候选人的名字。请你告诉我,你认为其中哪一位最开明?

可以通过下列四种方式中的一种来实现问题的基本目标:

第一项任务:可以给受访者一份选项清单,让他们在连续量表上从高到低给这些选项排序。

第二项任务:可以给受访者一份选项清单,让他们在评价维度上列出最极端的选项(第二极端、第三极端等)。

第三项任务:可以让受访者做一系列成对比较,每次给两个选项排序。

第四项任务:可以给受访者一份清单,让他们用某个量表给每

个选项打分(而不仅仅是给它们排序或选择一个
或多个最极端的选项)。

如果选项清单较短,就不难完成第一项任务。然而,如果清单
较长,完成任务就难多了。当受访者无法看到所有选项,他们很快
会发现无法在电话里完成任务。

如果选项清单较长(或即使清单较短),完成第二项任务就比
第一项任务来得容易得多。研究者通常只要知道哪个选项或哪两
个选项最重要,就心满意足了,并不想知道整个排列顺序。在这种
情况下,第二项任务是有吸引力的。

心理测量者往往偏爱成对比较法,即把每个选项与其他每个
选项进行比较,每次比较一对选项。但是,这种拟定顺序清单的方
法,既费时又费力,很少在一般调查中使用。

第四项任务可能是其中最好的。不管采用什么样的数据收集
模式,对受访者来说完成第四项任务可能是最容易的。此外,排列
顺序的任务(从第一项任务到第三项任务)并没有提供任何有关
"选项在评价连续量表上位置"的信息,它们有可能被看得很高或
很低,排列顺序也没有提供任何有关这方面的信息。

第四项任务提供了有关"选项在评价连续量表上位置"的信
息。尽管这些选项可能有联系,排序好像也不完全清楚,但是通常
会得到一个总的排序。基于所有这些原因,一系列的评价(而不是
某个排列顺序的任务)往往是实现这些目标的最佳途径。

开放问题或叙述问题的角色

当目标是在某个连续量表上作答,如果允许人们用自己的话
来作答,那么就会无功而返。

请看下面的问题:

例 3.18:请问近况如何?

人们可以用各种方式来回答这个问题,有人会说"还好",有人

会说"很棒",还有人会说"不错"。如果有人尝试给这些答案排序,某种有序性就会变得清晰起来。人们显然会把那些说"很糟"的人与那些说"很棒"的人放在连续量表的不同切割点上。然而,人们却无法给"不坏""相当好""足够好"或"满意"等答案排序。

这种形式问题的第一步是界定连续量表,受访者理应在连续量表上来回答问题、完成回答任务、提供可接受的答案,好让每个人处理同样的量表和答案选项。

连续量表必须具体明确,必须告诉受访者如何通过选择其中的形容词或数字来使用量表。当询问受访者对某事的感受并让他们用自己的话来作答时,他们难免会使用一些无法排序的词语。如果目标是对答案进行排序,那么就不能用叙述性答案。

相反,如果问题的目标是确定不同选项之间的优先性或优先权,那么就会有真正的选择。

例3.19:你认为市政府目前面临的最重要问题是什么?

例3.19a:下面列出了当地市政府所面临的问题:

　　a.犯罪

　　b.税率

　　c.学校

　　d.垃圾收集

　　你认为哪个问题最重要?

开放式策略有几个优点。它没有把答案限定在研究者所思考的范围内,因此研究者有机会了解意外情况。它无须借助视觉资料,在电话上就可以操作。另一方面,五花八门的答案可能使结果难以分析。问题越集中,所需答案类型就越明确,答案就越容易分析。此外,舒曼和普雷瑟(Schuman and Presser,1981)发现,与询问开放式问题相比,当提供答案清单时,这些答案可能更可信、更有效。如果可能的答案清单不为人知或很长,开放式问题可能是最适合的方法。此外,虽然电脑辅助的访谈会给只用固定答项的问题带来很大的压力,但受访者喜欢用自己的话来回答问题。尽管可能不容易处理测量结果,但是正因为如此,询问一些用叙事形式回答的问题可能是有正当理由的。然而,如果目标是获得令人满意的测量而且可以指定选项,那么给受访者提供一份清单并让他们从中进行选择通常是最好的做法。附录 C 进一步讨论了开放式问题的使用。

量值估计(magnitude estimation)

迄今为止所讨论的任务涉及人们用定序类别或量表来评价自己的主观状态或自己对别人的看法。当研究者界定量表上的回答选项时,通常会使用一些可作区分但并不表示同样事情的形容词。但是,就迄今为止所讨论的测量而言,还没有假定不同类别之间的距离到底有什么含义。只是假定位于连续量表某个类别或切割点上的人,总的来说可能不同于那些自我评价过高或过低的人。

研究者想让人们使用能获得比这更多信息的评价。尽管人们可能真的无法赋予人的主观状态以绝对的意义,但是,研究者探讨了这样的可能性:让受访者报告有关他们排序位置之外某些评价或类别之间距离的信息。

就赋予评价以更绝对的意义而言,人们已使用的似乎最成功的技术是量值估计。下面是改写的一个例子,说明这种方法是如何被用来评价不同从业者的社会地位的(Rainwater,1974)。

例 3.20:请你用数字来描述不同职业者的社会地位。请你用木工的社会地位作为比较的基础。我们把木工的社会地位定义为 100 分。如果你认为某个不同职业者的社会地位是木工的两倍,就用 200 分来代表他们。如果你认为某人的社会地位是木匠的一半,就用 50 分来代表他们。如果使用这种方法,你会用什么数字来代表高中教师的社会地位?

这类练习的目的是让人们列举一些数字,它们具有更绝对的意义,也有某些代数性质,而这些意义和性质是大多数有关主观状态问题的答案所欠缺的。如果我们让受访者在某个 1～10 分的量表上来评价社会地位,评为 6 分的人不会比评为 2 分的人好三倍或高三倍。人们不会用这种方式来使用这类量表。但是,研究者希望,当受访者接受了某个量值估计的任务,他们所提供的评价实际上确定具有那样的性质。最近,对这个策略的一个有趣运用是,让医生对自己所做每件事情的难度和工作量进行评价。研究者让医生尝试用量值评估而不是用对同样事情的简单评价量表来评估他们工作的难度,其理由是:他们想把这些答案与另一个有绝对意义的变量"医生从事各项服务所得报酬"相联系。所问问题的基本形式如下:"如果阑尾切除手术的工作量为 100 分,那么你会用什么数字来表示胆囊切除手术的工作量?"实际上,研究者们在研究医疗过程和服务的相对价值时提供了令人信服的证据:医生们能够以一种与所提供的实际信息相一致的方式来完成这项任务,而这些信息涉及某些程序与某个标准作比较的相对价值和难度(Hsiao et al.,1992)。

对测量研究者想要测量的许多主观状态来说,这样的方法毫无用处。它需要对受访者进行很多培训,很费时间。此外,尽管这项技术已用于截面样本(cross-section sample),就像雷恩沃特(Rainwater,1974)所做的那样,但是,这项技术之所以优势明显是因为拥有像医生这样因其认知能力而入选的受访者(Schaeffer and Bradburn,1989)。因为所有这些因素的影响,量值评估在调查中并不常用。尽管如此,量值评估是一个实例,说明了如何拓展主观状态的测量来提供更详细、更有分析价值的信息。

测量对观点的回答

上一节中所讨论的任务是针对受访者在评价量表上作答,或在量表上给选项排序。大部分调查研究机构侧重于测量人们对各种看法、分析或提案的反应。这些问题的内容就像调查研究者们的想象力一样丰富。这些问题有以下几种常见形式:

例 3.21：请问你是否赞成美国派轰炸机去轰炸南极洲？

例 3.22：通常较高的税收是劫富济贫，请问你是否同意这种说法？

例 3.23：一般说来，你是否打算在你家附近的公园或游乐场多花些钱？

在思考这些问题时要严格区分受访者所面临的任务性质。在第一节中，受访者被要求把自己或其他人放在某个界定好的连续量表上。例如，他们会被要求在从"极佳"到"很差"的量表上来评价自己的健康状况，或者从"好"到"差"的量表上来评价他们眼中的美国总统的工作表现。但是，这些问题提出了不同的任务。受访者不是要在某个界定好的连续量表上作答，而是要评价自己的想法或偏好与问题所表达的观点之间的差距。

看一看受访者是否赞成轰炸任务的问题。假设受访者对如何解决手中的问题有一般看法，问题概述了某个政策选择，受访者的任务就是要断定政策选择是否非常接近自己的观点，即他们可以说这是他们"赞成"的政策。

再看一个类似的例子，思考一下有关税收如何影响穷人和富人的问题。显然，这是一个概括。人们很可能对此有更温和的看法，或者只是达到所述命题极端的某个程度。尽管如此，受访者所要完成的任务是：反观自己简单或复杂的观点，把它们与问题中的表述进行对比，然后再确定自己的观点与这个表述之间的差距是否缩小到足以说"同意"。

一个值得注意的主要差别是，受访者没有直接在评价量表上作答，而是对自己的观点与表述之间的差距进行评估。但是这些问题的标准都是相同的：对所有受访者来说，问题应该是明确的，回答任务应该是能够加以完成的。

例 3.24a：你是否赞成枪支管制法？

"枪支管制法（Gun Control Law）"可能意味着很多东西。它们涉及一系列政策,包括什么人可以购买枪支、人们要多久才能买到枪支、他们能买什么样的枪支等规定。这个问题的根本缺陷是:受访者心目中的"枪支管制法"含义可能因人而异。

如果研究者能够尽量减少对问题含义的不同解释,他们就能提高测量的效度。目标是使答案的差异反映人们在问题立场上的差异,而不是对问题解释的差异。

例3.24b:请问你赞成还是反对关于防止有暴力犯罪前科的人购买手枪的法律?

显然,这只是"枪支管制法"中的一条法律。然而,如果某个问题阐明了人们被问及的政策,并尽量减少有关问题含义解释上的差异,那么就应该产生对人们立场更有效的测量。

有时候,让人们自己去界定用词也是合理的。

例3.25:你认为基本的健康保险计划是否应该包括对个人或家庭问题的帮助?

这个问题并没有对"个人或家庭问题"概念进行界定。用这种方式来询问问题的理由是,很难界定什么才构成个人问题。个人问题的性质各不相同,对某人构成问题的情境对另一个人来说可能完全不适用。在这种情况下,最好的办法可能就是让每个受访者自己来界定什么才构成个人问题。尽管如此,从解释结果的观点看,研究者知道,受访者所考虑的构成问题的客观情境可能迥然相异。

看另外一个例子:

例3.26:开车不是权利,而是特权。

对某些人而言,这似乎是一个合理的表述。但是,这个例子却揭示了用"同意—不同意"形式提出问题的常见特征:将两个问题合在一个问题里。

第一个问题是:你怎样认为开车是一种权利?
第二个问题是:你怎样认为开车是一种特权?

　　这两个问题的回答可能呈负相关。人们越不认为开车是一种权利,也许就越认为开车是一种特权。然而,把这两个问题放到一起,可能就很难解释答案到底意味着什么。人们可能表示不同意,因为他们认为开车既是权利又是特权。由于这个问题的背后有两个连续量表,因此研究者就不能可靠地把"不同意"放在其中任何一个连续量表上。
　　在用"同意—不同意"形式或某种变型所提出的问题背后,人们经常发现多重维度。鲁宾逊和谢弗(Robinson and Shaver,1973)所引述的几个例子就有这样的特征:

　　例3.27:美国正远离真正的美国生活方式,可能有必要用武力来恢复它。

　　三个议题:美国人离真正的美国生活方式有多远? 真正的美国生活方式是否应该恢复? 它是否要用武力来恢复?

　　例3.28:给政府官员写信没有什么用,因为他们经常对老百姓的问题并不是真的那么感兴趣。

　　两个议题:给官员写信的价值以及官员对老百姓的问题有多大的兴趣。

　　例3.29:在遇到未知新情况时我感到绝对安全,因为我的伙伴绝不会丢下我不管。

　　三个议题:在新的情况下某人感到有多安全,伙伴的可靠性,二者是否相关。

因为这些问题的背后至少有两个维度,当人们回答这些问题时,这些答案就不能可靠地用来给这些人排序。

因此,关于用这种形式询问的问题,有两个主要的概括:第一,应该尽量明确地界定问题的措辞,以提高受访者理解这些观点的一致性。第二,应该仔细地研究选项,以确保只呈现单一的观点或问题。

回答任务

下面可能是提出"同意—不同意"回答任务最常见的方式:

> 强烈同意
> 同意
> 不同意
> 强烈不同意

这样的回答任务明显违反了设计主观问题回答任务的第一条原则:它包含了两个维度。"强烈"一词暗示着一种情绪成分,一种对答案的深信或关心超过了认知任务这一核心问题。良好的调查设计会让回答连续量表保持在认知层面上。

还有两种不太常用的提出回答任务的方法,它们避免了上述量表的情绪或情感成分,因而可能受到青睐。

> 完全同意　　完全真实
> 一般同意　　大多真实
> 一般不同意　　大多不真实
> 完全不同意　　完全不真实

另一个回答议题是,是否要在"同意和不同意"之间加上某个中间类别? 是什么类别? 某人可能无法做到同意或不同意有两个理由。人们将自己合理地放在上述连续量表的中间位置就是认为自己的观点悬而未决。有人对某个观点有些同意,又有些不同意,不能得出倾向性的结论。当受访者被迫进行选择而又没有中间选项时，大多数受访者还会这样做。然而，提供某个中间选项常常受到受访者的欢迎，它在概念上使合理的测量更有意义。

另外，还有一些受访者，他们对问题或对自己回答问题的看法不太了解，有时会选择这样的剩余类别。

例 3.30：美国应该增加对危地马拉的外援。

有些受访者可能会提出，为了对这个主题提出有见地的观点，该问题还缺乏关于"美国援助危地马拉计划"或者"危地马拉所需要的援助"等足够的信息。在这样的情况下，某人说他们没有意见并不是说他们的意见恰好是既同意又不同意，而是说这些受访者的意见就根本不在这个量表上。当受访者可能对要回答的问题不太了解时，他们就不应该被放在量表中间的类别上。应该找到一个系统的策略来甄别那些缺乏答题所需信息的人。下一节会更详细地讨论这个主题。

这些问题的测量性质

以"同意—不同意"形式询问的问题是鉴别力相对较弱的问题。大多数分析者把受访者分为"同意者"和"不同意者"两大类。这样做的原因是，有研究显示，回答方式可能与人们选择极端选项的意愿关系较大，而与所报告的不同观点关系较小。"两个类别的回答任务只能得到有限信息"的议题显然适用于像这样的一些问题。

认知的复杂性

人们很容易用这种很难回答的形式来起草问题，特别当研究者试图询问有关连续量表负面那一端的问题时，它往往会产生认知复杂性。

例 3.31：我不满意自己的工作。

在"同意—不同意"形式的问题中,受访者为了说出自己对工作感到满意,就必须不同意这种否定的表述。不同意"说他们'感到不满意'"的表述是"说某人感到满意"的一种复杂形式。人们在认知测验中经常发现,受访者对"怎样用这种形式来沟通他们所要表达的内容"的回答任务感到困惑。

小　结

在调查研究中,"同意—不同意"的问题形式及其变型是最常用的测量策略之一。当询问有关观点和政策的问题时,它是适当的。不过,虽然这些问题看似容易撰写,但是为了获得良好的测量,它们需要格外小心。

这些问题有三个主要缺陷。第一,许多这种形式的问题并没有产生可解释的答案,不是因为它们不在某个连续量表明确标定的位置上,就是因为它们反映了一个以上的维度。审慎的问题设计可以消除这些缺陷。然而,另外两个缺陷——这些问题通常只把人分成两组,它们在认知上往往是复杂的——在问题形式上更普遍。虽然人们可能用这种形式来设计好的问题,但是,人们往往可能提出一项更直接的评价任务,把同样的事情做得更好。

测量知识

在调查研究中,可以用四种方式来测量知识:

1.要人们自报自己所知道的事情。
2."对-错"题。
3.多项选择题。
4.开放式简答题。

例 3.32a:你熟悉有关控制持有枪支的提案吗?
例 3.32b:你对有关控制持有枪支的新提案知道多少?——很

多、有些、很少、没有。

显然,问题目标是选择问题的关键。在一般人口调查中,知识性问题最常见的目标可能是,对那些认为熟悉某个话题而回答与此有关问题的人进行甄别。一个相关的常见目标是,对那些感到熟悉某个话题的人是否在思想或行动上不同于那些感到不太熟悉的人进行分析。出于这些目的,自我描述的知识是一种合理的测量方法。事实上,有些研究者用某些不直接涉及知识的问题实现了同样的目标:

例 3.32c:你是否听说过或看过有关控制持有枪支的提案?

例 3.32d:你是否跟人讨论过控制枪支问题?

这两个问题都可以作为人们熟悉某个议题的指标。但是,迄今所提到的问题都不能拿来评估人们所掌握的信息质量或准确性。有时研究者想要测量人们所知道的事情。

测量知识最受欢迎的两种方法是,使用多项选择题或使用"对-错"题。作为对知识的测量,"对-错"题和多项选择题有三个共同特征:

1.它们测量的是认知而不是记忆。

2.它们在很大程度上取决于设计似是而非的错误答案。

3.正确答案的数量通常多于受访者知道答案问题的数量。

从认知角度来看,认知要比记忆来得容易。我们都有过这样的感觉经历:如果我们听到过某个名字或词语,就会记住,但是如果缺少帮助,就怎么也想不起来。

似是而非的错误答案对理解测量过程是怎么回事是决定性的。

例 3.33a:谁是美国第十三任总统? 米勒德·菲尔摩尔(Millard Fillmore)、扎卡里·泰勒(Zachary Taylor)还是约翰·泰勒

（John Tylor）？

例 3.33b：谁是美国第十三任总统？米勒德·菲尔摩尔（Millard Fillmore）、托马斯·杰弗逊（Thomas Jefferson）还是里查德·尼克松（Richard Nixon）？

这两个问题和正确答案都是一样的,但是多数人会发觉第二个问题比第一个问题来得容易,因为该问题的错误选项比较明显。与第一题相比,更多的人能够从第二题中排除错误选项。

当然,这两个问题都没有它们的开放式问题来得苛刻:

例 3.33c:谁是美国第十三任总统？

例 3.33d:米勒德·菲尔摩尔是美国第几任总统？

开放问题的长处是,绝对不会出现虚假的正确答案,受访者要么给出正确答案,要么不能。相反,在多项选择题或"对-错"题中,随机猜对的答案占一定的比率。因此,如果 60%的人答对了"对-错"题,人们可能得出结论,只有 20%的人因知道答案而选对了答案,而其余 40%的人（等于错答）可能随机给出了正确答案。

开放式问题的短处是,它可能低估了有效知识（active knowledge）,因为有些人如果时间再宽裕些就可以认出或想起正确答案,但在调查的情境下却怎么也回忆不起来。此外,答案所要求的深入程度也影响了结果。许多人可以正确地辨认菲尔摩尔（Fillmore）是一位 19 世纪的总统,但许多人在回答例 3.33c 或例 3.33d 问题时却无功而返。

最后,以下三个基本要点适用于所有调查问题,也特别适用于知识测量。第一,对简答题来说,特别重要的是,问题要明确界定什么才算是一个适当的答案。如果对"需要什么样的答案"的解释影响到答案的正确性,那么问题就不是对知识的有效测量。第二,像其他主观状态的测量一样,知识测量是"问题限定的（question-specific）"。由于问题不同,同样的知识水平可能会有不同的结果。第三,知识测量的价值通常取决于答案分布得有多好。如果大多数人落在同一个类别(对或错)上,那么这个问题就没有给研究者提供太多的信息。

多项目测量

改进主观状态测量的一个重要方法是,把多个问题的答案合成一个指数(DeVellis,1991;Nunnally,1978)。多项目指数能比单个项目产生更好的测量,至少有两点理由:

1. 与单一问题相比,多项目指数可以产生更细致的测量,涵盖连续量表更大的范围(或者因受访者的负担较小而达到同样的目的)。
2. 通过减少"项目限定效应(item specific effects)",多项目指数可以更好地测量一组项目所共同具有的东西。

提高识别力

多项目测量最早的一种形式是所谓的哥特曼量表(Guttman Scale)。下面是一个哥特曼量表的例子:

1. 你能从小房间这一边走到那一边吗?
2. 你能爬楼梯吗?
3. 你能走过城市的一个街区吗?
4. 你能走半里路吗?
5. 你能连续不停地跑半里路吗?

如果上述问题构成了一个完备的哥特曼量表,回答说"是"的数量就可以让研究者知道,受访者是否能做答案清单上的那件事。如果这些项目构成量表,那么能跑半里的人就能做前面的所有事情;如果量表是完备的,能爬楼梯但不能穿越一个街区的人应该能走过一间小房间。

显然,基本的理念是,这些问题有一个体能的维度。理想的情况是,每个问题都界定了连续量表上的某个点。通过询问一组"是或否"的问题,然后再查看一组答案,人们就可以推断这个人落在连续量表的哪个位置上。

对同样原则稍微不同的应用,并不假设不同项目之间有哥特曼量表所假设的那种次序。假设某种健康状况会以某种不相关的方式对人产生影响,例如,关节炎可能使人很难:

1. 爬上楼梯。
2. 使用铅笔。
3. 弯下或弯腰。
4. 触摸到高架子。

关节炎影响身体功能的不同方式并没有必然的次序,"使用铅笔"的问题可能与"弯下或弯腰"问题无关。但是,可能有意义的是,先询问有关关节炎可能影响身体功能不同方式的问题,然后再用某种方法把答案合成一个症状严重程度的指数。

还有的问题是,如何把这些项目合在一起?尤其是这些项目未必相关并反映了身体状况背后的不同方面或表现。所有这些应该受到同等对待,还是有些症状比其他症状更重要?德威利斯(DeVellis,1991)对如何合并项目及其价值做了更详细的讨论。不过,他的基本观点是:先问一系列的问题,然后再把它们合在一起,有时这种做法是测量某种复杂情况如健康状况的最好办法。

测量共同的潜在变量

当人们用问题来测量某个维度的时候,答案有可能反映了研究者设法测量的维度和其他东西。假设我们试图测量健康状况对人们生活方式的影响,就可以询问以下几个问题:

1. 你的健康状况如何限制了你能从事的工作类型或工作量?

2.你的健康状况如何限制了你娱乐和消遣的类型或数量？

3.你的健康状况如何限制了你所做的家务的类型或数量？

4.你的健康状况如何限制了你四处走动、去你想要去的地方的能力？

　　这些问题的目的是测量某些健康状况结果的严重性。然而，每个问题的答案可能既反映了病情的严重程度，又反映了在这些所问及的领域中个人特有的生活方式或对个人的特别要求。例如，健康状况对某人工作能力的影响主要取决于他所做的工种（比如，需要多大的体力）以及健康状况的严重程度。同样的，对娱乐的影响可能部分取决于他所喜爱的娱乐活动类型。在同样的健康状况下，牌迷或电视迷可能比游泳迷或远足迷受到较小的限制。

　　关键在于，每个问题的答案都可能受到两种因素的影响：我们试图测量的东西（健康状况的严重程度）和受访者特殊的角色期待或生活方式。但是，答案的无关因素可能与所有的问题无关。因此，某人从事体力劳动这一事实并不意味着他或她喜爱娱乐或家庭玩耍。把这些问题的答案合在一起，就可以建立这样一个指数：这个指数受角色的影响要小于任何特殊的问题，因而是对健康状况严重程度更纯粹的测量。

　　再举一个例子，假设我们的目标是测量心理痛苦。人们知道心理痛苦最常见的形式是沮丧和焦虑。然而，人们用不同的词汇来记录或描述这些心理状态。就沮丧而言，人们会用"忧愁""忧郁"和"忧伤"等词语。对焦虑来说，人们会用"忧虑""焦急""紧张""紧绷""慌乱"等概念。对任何阅历丰富的特定个体来说，其中有些词可能比其他一些词能更好地捕捉他们是如何经历心理痛苦的。研究者用这些不同的词语来询问几个不同的问题，就可能建立一个比任何单一问题能更好地捕捉心理痛苦的指数，而不管所选择的特定词语有什么解释和经验的特性。

　　当这些项目被合成一个多项目指数时，这个指数测量了这些项目共有的东西。多项目量表并不能保证某个指数能更好地测量研究者想要测量的东西。这必须用其他的方法来加以证明。但是,它确保了对这些项目所有共有东西的测量要好于用单一项目所做的测量(Cronbach,1951)。

有关主观状态答案的相对性

主观状态问题的答案总是相对的,从来不是绝对的。根据这些问题的答案,那些被视为言之有理的表述是相对的。恰当的表述是,甲组所报告的感受比乙组更积极,或者某人群现在所报告的感受比一年前更积极。不恰当的表述是(不恰当至少是因为缺乏某些审慎的限定):人们给总统一个肯定的评价,他们对自己的学校感到满意,或者他们大体上认为自己的健康状况良好。

第2章在讨论有关客观事实的问题时曾提到,正确与错误的答案是有标准的。虽然问题和定义有时是复杂的,但是,可以界定"盗窃受害者"的含义,也可以用记录来核实报告的准确性。如果研究者明确地界定事件,用一致的方式来沟通定义,询问人们能够并愿意回答的问题,那么答案就有绝对的意义。

相反,当人们用评价量表来评估自己对犯罪的恐惧感或对某位政治候选人的感觉时,所谓"好的"答案就没有上述那种绝对的意义了。此外,有证据表明,问题措辞和提问方式的许多细节对调查答案的影响很大。刺激问题(stimulus question)的性质对答案的影响也很大。只有在知道"刺激是什么"的情境下,才能解释答案的含义。

问题的措辞

如果主观问题的答案要有绝对的意义,那么认知同效问题(cognitively equivalent questions)的答案也应该是相同的。通常这是正确的。例如,研究显示:用"外科手术终止妊娠"来代替"堕胎"一词不会改变人们对有关这一主题观点问题的答案(Schuman and Presser,1981)。显然,这些词对受访者来说意味着同样的东西。然而,拉辛斯基(Rasinski,1989)指出,比起在"福利救济"受惠者身上增加开支,人们更热心于在"低收入"人群上增加开支。舒曼和普雷瑟(Schuman and Presser, 1981)发现,近半数受访者会支持"不许(not allowing)"共产主义者公开演讲,但是只有约20%的受访者会"禁止(forbit)"此事。问题的"含义(meaning)"显然能超越对词语的字面解释。

大量例证显示,一些看似很小、保持原意的措辞变化会产生非常不同的结果。这是为什么要访员逐字念问题的一个原因。从刺激产生主观状态答案的观点看,看似相同的问题往往判然不同。

答案选项的措辞

答案选项的措辞会改变答案的分布,这一事实也是主观状态测量相对性的一个确凿证据。

图3.3界定了某个评估等级量表。在最上面的一条线,量表被分为"好"和"不好"两大类。在第二条线上,量表被分为"好""一般""差"三大类。第三条线上的量表被分为"极好""很好""好""尚好""差"五大类。

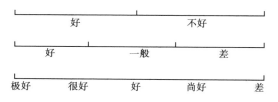

图3.3 三个量表

有人可能认为,第二个量表把第一个量表右边的"不好"类别简单地分成两个部分。同样,也有人可能认为第三个量表把第一个量表和第二个量表"好"的类别分成三个新的部分。然而,正如有些读者可能已经知道的那样,这并不是量表设计的真实情况。当人们思考类别涵意的时候,会对整个量表进行构思。他们会考虑类别顺序的位置以及措辞的含义。因此,在第三个量表上把自己的健康评为"好"或更好的人要多于在第二个量表做出同样回答的人。出于这个原因,如果无视人们被问特定问题的语境,说70%的人把自己的健康评为"好"或"更好",就是一个无法解释的表述。

选项的顺序

给受访者所呈现的选项顺序也会对他们如何回答问题产生某种影响。当给受访者提供顺序量表尚未列出的回答选项清单时，这尤其是如此。以初选前的调查为例，给受访者念几个候选人的名字，然后询问他们此时最有可能投票给谁。诚然，这个特殊调查任务的一个重要特征是，受访者可能不完全熟悉所有初选候选人。尽管如此，有研究显示，在做这些调查时，最后被念到名字的候选人特别受惠，特别会被选中。

更为微妙的是，有研究显示，基本评价量表从"极佳"到"极差"的排序会影响答案的分布。当用从"极差"到"极佳"而不是相反的方式来排列选项时，受访者更有可能选择量表负面那一端的选项。

资料收集的模式

研究发现，人们出于多种目的，会用电话、个人访谈、自填式问卷等可比较方式来回答问题（Fowler，1988）。然而，也有证据表明，呈现问题的方式和收集数据的方式影响了人们使用量表的方式。例如，毕晓普、希普尔、施瓦茨、斯特拉克（Bishop，Hippler，Schwartz，and Strack，1988）发现，与回答访员问题的受访者相比，回答自填式问题的受访者会更多地使用极端的回答类别。

语境效应（context effects）

问题在调查问卷中的位置也会影响作答的方式。大量研究表明，前面问题的内容会影响受访者解释和回答个别问题的方式（Groves，1989；Schuman and Presser，1981；T.W. Smith，1991；Turner and Martin，1984）。

如何处理"不知道（Don't Knows）"

有关调查答案相对性的最后一个重要议题是：研究者如何处理受访者可能不太熟悉有关答案的主题，或者不太清楚自己对某个主题的感受。研究者处理"受访者可能不熟悉的主题"有三种不同的方法:首先,研究者可以先问一个筛选性问题,明确地询问受访者是否熟悉与答题有关的某一特定主题。第二,研究者可以在给受访者所提供的答项中加上"没意见"选项。第三,研究者不要明确地告知受访者他们不熟悉的某个话题的问题,而迫使那些自感不能答题的受访者自愿提供信息。

由于研究者所选答项的不同,这些结果会大相径庭,这并不令人感到惊讶。受访者通常不愿主动说出自己对所要回答的某个主题知之不多。因此,如果明确提供"不知道"选项,那么选择该选项的受访者就会多于主动说自己知之不多的受访者。此外,在某些情况下,根据是否给受访者明确提供"自己对某个议题没意见"的选项,所获得的答案也会有不同的分布(Schuman and Presser,1981)。

小　结

重要的是,要把问题形式对答案分布的影响与它对答案效度的影响区分开来。例如,上文提及,当受访者使用从"极好"到"差"的 5 点量表时,如果先呈现量表负面的那一端,受访者就更可能选择量表负面那一端的类别。这会降低评分的平均值,但不会改变测量问题的效度或价值。这两种问题形式所产生的评价可能与它们应该与之相关的其他测量同样呈显著相关,这反过来意味着它们是同样有效的。

这一点还有另外一层蕴意:主观状态测量的"偏差(bias)"概念其实毫无意义。只要改变措辞、回答顺序或其他有关资料搜集的事情,就可能会改变问题答案正向或负向的分布。但是,"偏差"概念意味着对某个真值的系统偏离。由于主观状态的测量没有真值,因此答案分布偏向任何一方其实都不构成偏差。此外,如果适当运用这些定序测量来比较不同群体的分布或参数,而这些群体的数据是以一种可比较的方式来收集的,那么测量中的偏差概念确实是不相关的。

调查测量一个最常见的滥用是,人们用主观状态的测量来处理所收集的数据,由此产生了定序测量,好像它们产生了有绝对意义的数据。当有人提出"多数人赞成枪支控制""多数人反对堕胎"

"多数人支持总统"等表述时,应该对此存疑。所有这些例子所发生的一切是:大多数受访者挑选了某个特定问题的回答选项,研究者却把它们解释为赞成或肯定。对同样一群人施以不同的、似乎涉及同样主题的刺激,却产生了极为不同的分布,支持了极为不同的表述。

结 论

总之,关于如何设计用来测量主观状态的问题,有以下四个基本结论:

1. 在测量主观状况时,由于缺乏评估答案准确性或正确性的标准,因此问题刺激的标准化特别重要。出于这个原因,构建好的主观状态测量指标一个最重要的策略是,尽可能设计能用一致的方式来管理的问题,这些问题对所有受访者来说都有相同的含义。
2. 把回答任务标准化同样重要。这意味着,要明确地界定受访者在评估工作中所使用的维度或连续量表,并用合理的方式把他们自己或他们所评估的任何其他东西放在这个连续量表上。
3. 主观状况问题答案的分布是相对的,没有绝对的意义。因此,问题答案的均值或平均数是不相关的,也确实毫无意义。相反,有关主观状态问题的标准是,它们提供了有关受访者彼此相对位置的有效信息。一般来说,受访者被要求使用的类别越多,问题就越好。
4. 把几个问题的答案合在一起通常是提高测量效度的一种有效办法。

本章阐明了这些不同的原则,在下一章里,我们将讨论设计调查问卷的特殊策略,这些问卷提供了有关主观状态和客观事实适当的、有用的测量。

4

设计好的调查工具的一般原则

在前面两章里,我们详细地讨论了有关撰写好的调查问题和解决常见问题的一般方法问题。在本章里,我们试图就如何撰写和设计好的调查问卷概括出一些一般性原则。

一份好的调查问卷必定是为一系列具体的研究目标而量身定制的。离开了上下文其实就无法识别针对具体目标的最佳问题。尽管如此,有些一般性原则对调查问题测量的质量产生影响。

问什么问题

原则1:调查研究的长处在于询问人们的第一手经验:他们做过什么,他们的现状,他们的感觉和看法。然而,令人惊讶的是,不少调查研究却被用来向人们提出大多数人不知道答案的问题。

原则1a:询问二手获得的信息要谨慎。

关于犯罪的研究,人们可以报告说,他们何时并怎样受到了侵害、何时感到安全、何时感到害怕、已采取何种措施来消除自己的恐惧或遇害风险。人们可以描述他们报警的经历,警方对其报警的反应以及他们与警官互动的结果。相反,大多数人并不能准确地说出某些街道或社区的实际犯罪率。他们可能对警察工作表现有看法,但是,如果不是亲身经历,他们就不可能获得许多有关警察工作表现的具体信息。

人们可能熟悉自己孩子就读的学校,但是他们不可能熟悉其他学校、当地社区所有学校或者全国所有学校的情况。

关于健康状况,人们可以很有把握地说:自己感觉如何、能做什么、如何看身体状况对自己的影响。他们也许能或不能有把握地说:医生是如何称呼自己的健康状况的,采取了什么治疗措施,或者做了什么诊断检查。有关健康状况的医学名称或医疗保健用掉多少钱,人们肯定不是最好的信息来源。

在研究种族或民族对就业机会的影响时,研究者可以获得人们对自己工作的描述、对其报酬或职责是否适当的看法,以及他们是否认为自己受到雇主不公正或不适当的对待。对不同族群受访者的回答进行比较,对确定民族和就业水平之间的关系可能是至关重要的。但是,要求受访者对"不同的族群是否在就业中受到公平对待"这一问题表达自己的观点或看法,就等于让受访者回答大多数人并不知情的问题。

有时测量人们不太知情的观点也是重要和有价值的。这些观点和看法构成了某种事实。如果人们认为犯罪率上升、警方工作不力,那么这些看法,即使用客观标准来衡量也有失水准,但可能是重要的。不过,研究者不应把观点与客观结果混同起来。

许多例子表明,在研究者所概括的受访者间接感受与受访者直接报告的结果之间有很大的差异。尽管美国国内的普遍感受是,学校质量多年来一直在下降,但是,大多数人对自己的学校经历,却有正面的述说。虽然20世纪90年代初,人们的普遍感受是,犯罪率和吸毒率在持续上升,然而,在过去二十年里,客观测量的犯罪率和吸毒率其实在逐渐、稳步地下降。虽然有些医生认为,医务工作者的生活质量在下降,但是医生们对其生活质量的平均评价却相当高。在研究一般性问题时,研究者常倾向于询问受访者对问题及其可能解决办法的看法。虽然对这些问题的回答可能是有益的,特别当研究者要确定误解和曲解的时候,但是,研究者不该忘记调查研究方法的主要长处。再次重申一下,调查的长处是收集有关某个人群概率样本的第一手知识和经验的信息。

原则 1b:对假设性问题要谨慎。

对未曾经历过的情境,人们并不善于预测他们自己会做些什么或如何感觉。研究者经常想预测未来或估计人们如何对新的电视节目、新灯泡或新的医疗保健计划等新生事物做出反应。这项工作做起来很难,有两个原因:第一,人的行为很大程度上是由情境决定的。与某个特殊的理由相比,如何提出捐款请求以及谁提出捐款请求,更多地决定了一个人是否向特定的慈善机构捐款。有关未来行为的问题不能很好地复制有关行为的问题。第二,新的节目或新的产品包含了多种因素,很难在一次访谈中完全说清楚。研究者会描述主要特征,但很难保证纳入每位受访者都认为是最重要的一些特征。

如果有关未来的问题能够以过去的相关经验或直接知识为基础,那么答案就会更准确些。以前生过孩子的妇女比起没有生过的,能更好地预测未来生产中使用麻醉药的可能情况。比起只是在问卷问题中描述产品,人们对自己所熟悉的产品能够更好地预测其购买意向。如果让受访者有机会"试用"一下该产品,将会提高所述购买意向与行为之间的一致性。但是,一般来说,让人们来预测他们自己对未来或假设情况的反应,应该相当谨慎 —— 尤其当受访者对其据以回答的事物可能只有有限直接经验的时候。

原则 1c:询问因果关系要谨慎。

对社会科学家来说,建立因果模型并不是一件容易的事情。许多事情有多个原因,很少有人可以确切地说出我们做事的某些理由。调查研究者经常想弄清某事的原因,但是,让受访者来提供这些原因就不可能产生可信或有用的数据。

例 4.1：你的日常活动是否因背疼而受到限制？

例 4.2：你不去投票的主要原因是什么？

例 4.3：你是因为房价高而无家可归吗？

有些人，即只有背疼的人才能回答例 4.1 问题，但是，有多种健康问题的人就很难从其他问题的影响中分离出背疼的影响。例 4.2 突出了动机和因果关系的复杂性。受访者可以回答说，是因为遇到困难（难请假）或动机问题（不喜欢任何候选人）。但是，还是会有受访者在完全相同的情况下投了票。通过询问人们感知因果关系的方式，特别是他们没有做过的事，我们能真正获悉任何有趣的东西吗？很难证明这些。

最后，例 4.3 是一个不会产生任何有用信息问题的典型。即使免费提供漂亮的住宅，也许还是有无家可归者。然而，对住房感兴趣的人来说，他们的资源、优先考虑的东西、住房标准以及各种房屋特征的成本，会以某种复杂的方式相互作用，以决定会不会动用自己的资源来获取住房。这是事先就知道的，不过很难预料受访者对这些议题的分析会增添什么新的东西。

一般来说，调查应该询问受访者能够确切回答的问题：他们拥有哪些资源？他们最低的住房要求是什么？也许还要加上，他们对合适住房最低成本的看法是什么？由此研究者才能描述情境并得出结论，这些结论将比受访者的因果分析有更大的效度和价值。

原则 1d：询问受访者有关复杂问题的解决办法要谨慎。

当决策者全力以赴地寻求解决问题的答案时，询问受访者的想法可能是有诱惑力的。但是，如果问题复杂（大多数困难问题都是如此），为了获得有关如何解决问题的有意义观点，通常需要相当多的信息。调查并没有给受访者提供一个获取许多信息的适当平台，回答选项必须是简明扼要的（通常意味着过度简化）。有时一个议题得到了公众的高度关注，许多受访者对如何解决问题有不少真知灼见，不过，这种情况颇为罕见。那些涉及某个议题的人,对他们所喜好的问题,容易高估大多数人的知情程度或关注程度。由于把有效解决问题的设计交给那些本身工作就是解决这些问题的人,因此,调查研究者常常通过询问受访者能够回答的问题,就会受益匪浅。

原则2:一次只问一个问题。
原则2a:避免一次问两个问题。

例4.4:你想致富和出名吗?
例4.5:你在体能上可以毫不费力地从事跑步和游泳之类的运动吗?

评论:这两个问题都同时询问了两个问题,而问题的答案可能五花八门。受访者可能想致富但不想出名;他们可能不善跑步,但喜欢游泳。如果某个问题包括了两个问题,而两个问题都很重要,那么就要询问两个问题,每一次只问一个问题。

原则2b:避免强加不合理假设的问题。

例4.6:就目前经济状况而言,你认为买股票是一个好主意吗?

评论:苏德曼和布拉德伯恩(Sudman and Bradburn,1982)把这叫作"一管半枪问题"(与"双管枪问题"作对照)。虽然后半句只问了一个单一的问题,但是前半句却要求受访者接受对经济分析的看法。前半句没有明确说明经济的现状,但含义却是否定的。此外,有些受访者可能还看不出这个问题所强加的"经济"与投资之间的关系。

例4.7:你是否同意"就目前的犯罪数量而言,晚上不独行有其道理"?

评论:这个问题让受访者假定有大量的犯罪,而且这个假定的犯罪率会影响到受访者有关单独行走的决定。如果受访者不接受这些假定,问题就变得特别困难。可以去掉介绍性的假定而询问有关人们如何看待单独行走的问题。

原则 2c:对含有隐藏情境条件的问题要谨慎。

测量问题的一大弱点是:答案表明所测量的东西只适用于某一特殊人群。这些问题没有太大的分析价值,因为它们不是对整个样本有意义的测量。

目标:测量上街的恐惧感
例 4.8:在上个月里,你为了避免走近你认为是可怕之人而横穿马路吗?

评论:为避开可怕之人而横穿马路可能是某人害怕的一个指标。不过,这一特殊的问题至少涉及两种情况。首先,取决于某人是否上街走路。如果某人很胆怯,他或她就根本不可能上街。更为微妙的是,胆怯者上街走路时,会格外留神。可以设计他们的行走方式以避免他们可能碰到可怕之人。如果他们做到了这一点,就会避免可能出现被迫横穿马路的情况。

如果假设样本中的每个人都有过逛街的经历,那么他们所报告的横穿马路的比率,可能是害怕的一个指标,或者是街上可能出现令人害怕之人的一个指标。然而,上述问题并没有提供这样的机会来弄清人们的遭遇。而且,即使弄清了,这种行为的比率将随机而定。这一事实意味着,用这样的问题来对所有样本受访者进行分类并不是一个完美的测量。总之,比起用一种有用的分析手段来测量所有样本受访者的胆怯,直接来评价胆怯者如何看待自己的逛街,几乎可以肯定是一个更好的方法。

目标:测量社会活动

例 4.9：你上个月多久参加一次宗教仪式或与教会有关的活动？

评论：作为一种对社会活动的测量，该问题的明显缺陷是：它取决于教会是一个人们积极参与其中的组织。对所有不信教或对教会不感兴趣的人来说，用这个问题来测量社会活动就毫无意义。如果将该问题与其他问题一并使用，就有可能成为"社会活动指数"的有用部分。不过，一个问题越是普遍适用，就越能更好地测量社会活动。

目标：测量健康问题所导致的身体活动受限
例 4.10：上个月，你的健康状况妨碍你从事跑步、游泳或骑自行车等剧烈运动吗？

评论：对从事这些运动的人来说，这个问题可以提供有关"健康状况如何影响生活"的信息。然而，对通常不做这些事情的人来说，他们回答说"不"意思就完全不一样。他们不是说其健康状况没有妨碍自身，他们基本上是说，因为他们一般不做这些事情，所以从未受到过限制。该问题所能提供的信息只限于平时慢跑、游泳和骑自行车的那一部分人。

问题的措词

原则 3：应该推敲调查问题的措词，好让每位受访者都回答相同的问题。
原则 3a：应该尽量选择适当的词语，好让所有受访者都理解其含义，而且所有受访者对其含义都有相同的理解。
原则 3b：如果必须使用某些费解的词语或术语，就应该为所有的受访者提供定义。

原则 3b 特别重要。人们有时会看到，访员在调查中会给受访者提供所需要的定义。

不好的例子 4.11:在过去的 12 个月里,你有几次看病或与
医生谈论你的健康状况?(如果问到看病:应该包括看精神科
医生、眼科医生以及任何其他有医学学位的专家)

这个程序显然违背了"所有受访者都回答相同的问题"和"所
有受访者都有相同的刺激"的原则。如果有些受访者有定义而其
他受访者没有,那么受访者就是在回答不同的问题。

原则 3c:一个问题所涉及的时间期限不能含糊,有关感情或行
为的问题必须有时间期限。

例 4.12:在一天里,你多久才觉得累? —— 总是、经常、有时、
很少、从不。
例 4.12a:你能一口气跑上半英里吗?
例 4.12b:当你喝酒时,你通常喝多少?

评论:所有这些问题都假设,随着时间的推移答案是稳定的,
而且它们也没有详细说明参考期。事实上,人们很容易想到,短期
(昨天、上周)的答案可能不同于长期(上月、去年)的平均答案。急
性病、假期或工作困难期都是一些可能影响答案近期因素的例子。
如果受访者选择回答不同的参考期(有的选择上周,有的选择
去年),那么正因为如此,他们的答案可能是不一样的。详细说明
受访者所要报告的时间期限,总是一个好的做法。

原则 3d:如果所概括的内容过于复杂而不能放在一个问题里,
那么就要询问几个问题。
原则 4:如果是访员管理的调查,那么问题措词必须构成一段
完整而恰当的文字:当访员逐字读出问题时,受访者要有充分
的准备来回答问题。

措词问题(wording issues)不同于自填式问题,措词问题是由访员来念问题,而自填式问题则是由受访者自己来填答问题。尤其当设计一份访谈问卷时,重要的是认识到:正在发生的互动可能会影响访员呈现问题的方式。在设计问题时就考虑到这个实际情况至关重要(参见 Suchman & Jordan,1990)。

原则 4a:如果要提供定义,就应该在提问前进行。

不好的例子 4.13a:你上周有几天锻炼身体? 当你认为锻炼身体应该包括散步、在家做事或上班干活,如果你把它们都算作锻炼身体的话?

较好的例子 4.13b:下面的问题有关"你多久锻炼身体"。如果你认为散步、做家务或上班干活都属于锻炼身体的话,我们希望你把它们都算上。根据这个定义,请问你上周有几天锻炼身体?

经验显示,受访者一旦认为自己听清了问题,就可能会打断访员继续往下念问题。当这种情况发生时,访员就会各凭良心来念定义,就像"不好的例子 4.13a"那样。通过把定义放在问题的开头,研究者更有可能让所有受访者在答题前就听到所需要的定义,并且让访员更容易逐字准确地念出问题。

原则 4b:一个问题应该随问题的结束而结束。如果还有回答选项,就应该放在问题的末尾。

不好的例子 4.14a:你说你明年很可能、相当有可能、不可能搬出这栋房子吗?

不好的例子 4.14b:如果今天就举行大选,你认为你更可能投票给克林顿州长,还是布什总统? 请考虑一下你现在看这些问题的方式。

评论:在上述两个例子中,受访者不太可能做好准备来回答所念的问题。在第一个例子中,经验表明,当受访者全神贯注于"问题是什么"时,他们会忘掉回答的任务。同样,受访者可能发现,当问题的结尾带有从句时,他们无法记住问题的一些词语。

较好的例子4.14c:在未来的一年里,你可能搬家吗? 你会说:很可能,相当有可能,不大可能?

该问题将回答选项放在末尾。受访者可以注意去听访员念问题,知道回答任务要到了,接着会听到一些答题的选项。

上述问题的最后一点是:如果受访者不清楚接下来是否还有回答选项,那么他们会经常在念完回答选项之前就打断了访员。在这个例子中,回答选项还没有来得及发挥作用,整个问题就念完了。

要尽量避免在念完回答选项之前就打断访员,其理由是,访员随后会陷入处理不一致的窘境。假设有位受访者对上述问题突然说出这样的话:"我们明年不大可能搬家。"按照标准化测量的规定,访员应该重读整个问题,包括所有的选项。然而,有研究表明,有些访员会尝试去猜测"如果询问标准化的问题,受访者会选择什么答案"。研究者的利益在于,设法提供一个文本,尽可能让访员为每一位受访者提供完全相同的问题。

可能更好的例子4.14d:你认为下面哪个类别能最好地描述你明年搬家的可能性:很可能,相当可能,不可能?

评论:要有这样的观念——在问题中加入某些类别,可以降低受访者在念完整个问题之前就打断访员的可能性。

另一个不好的例子4.15a:请告诉我,你是否认为下列选项是:大问题,小问题,不是问题?
　　a.骨头疼或关节疼。
　　b.呼吸困难。
　　c.其他健康问题。

评论:上述例子有不少缺陷。首先,没有将问题设计成便于访员使用的文本格式。实际上这是不存在任何问题的,几乎可以肯定的是,在访员念出上述这些文字时,受访者还没有做好准备来回答问题。

更好的例子 4.15b:你认为(念每个选项)是多大的问题?——大问题,有些问题,不是问题。

在这个题型中,人们不难发现有一段专供访员使用的文字。通过在答项清单中填入各种健康问题,访员就可以逐字地念出问题,并让受访者做好准备来回答每个问题。

另一个常见错误是,问题中有"其他健康问题"选项。这种类别经常出现在这样的答项清单中,但是事实上,它并不是一个可靠的问题。为了充分利用这个问题,访员不得不草拟两个不同的问题:

1.是否有任何其他健康状况或问题影响了你?
2.你认为(上个问题的答案)是:大问题,有些问题,不是问题。

即使用这样的形式,也没有多大的意义。此外,作为测量,如果只有少数人添加了"其他问题"而且"其他问题"很少重叠,那么这些结果就没有多少分析的价值。对大多数这样的系列问题来说,不问"其他问题"可能对研究者最有利。

原则 5:与所有受访者就某一问题答案的适当类型进行清楚的沟通。

与受访者沟通"提供什么样的答案"一个最简单的方法是,提供一份可接受答案的清单。这种"封闭式问题(closed questions)"确实是调查研究工作的一个主要部分。

不过,有时最好的办法是让受访者用自己的话来回答问题。在某些情况下,回答选项要多于可合理提供的选项,或者研究者可能认为无法预测可能的答案范围。这时,最好的办法是让受访者用自己的话来回答问题(也参见附录 C)。不过,这意味着,应该明确地规定答案用语。

> 例 4.16:你何时搬到这个社区?
> 可能的答案:
> > a.我 16 岁时。
> > b.就在我结婚后。
> > c.在 1953 年。

上面任何一个答案都是对所问问题的适当的答案。但是,它们却无法进行比较和分析。如果有些人依据自己的年龄来作答,而另一些人则提供年份,就无法用单一的分析来整合这些数据。

问题就出在问题本身没有明确交代研究者所想要的答案用语。

> 可能替代的问题:
> > 你在哪一年搬到这个社区?
> > 当你搬到这个社区时,你多大了?

上述每个问题都与所有受访者沟通了可接受的答案类型,研究者可以轻松地分析所获得的答案。

如果受访者不清楚研究者想要的东西,那么访员就很有可能对受访者进行解释。显然,这违反了这样一项基本原则:应该给访员一段适当的文字并向所有的受访者询问相同的问题。

> 另一个不好的例子 4.17a:上次你为什么去看病?
> 可能的答案:
> > a.因为我感到不适。
> > b.因为我丈夫一直对我唠叨,我觉得应该去看病了。
> > c.因为医生安排我去复诊。
> > d.因为要去打针。

问题还是没有详细交代所想要的答案类型。我们想要弄清究竟是什么健康状况或问题导致人们去看病？是什么动因（不适、配偶唠叨）促使人们决定去看病？病人想要或希望得到怎样的治疗（做检查、打针或拍 X 光片）？

后三个答案并没有告诉我们有关"病人将要接受治疗的疾病"的讯息。如果我们对此感兴趣，就应该问：

例 4.17b：你是因为何种健康状况或问题去看病？

我们可以推断，也许其中的两个答案（感到不适、打针）是对某个病情的诊断或治疗，而不是一般的检查。另外两个答案在这一点上是含糊的。改进这个问题的办法是：从单一的视角来提供一组可能的答案。

较好的例子 4.17c：你上次看病主要是因为：你一段时间以来身体欠佳，主要去查明最近才注意到的某种疾病，或者无特别的问题或病情，只是做一般的检查。

例 4.18：你从哪里获得大部分有关健康的信息？

可能的答案：

　　a.通过阅读。

　　b.通过报纸。

　　c.通过安·兰德斯（Ann Landers）。

　　d.通过媒体。

在某种意义上，所有这些答案都提供了某些信息。但是这些信息具有消极性。答案并不是"通过我的医生"或"通过朋友"。但是答迥然相异。问题本身并没有提供关于"受访者的答案究竟应该有多具体"的线索。当受访者回答说"通过阅读"时，这指的是受访者在读报、看杂志，还是在看医学学术期刊？当受访者回答说"通过媒体"时，这指的是受访者从电视、报纸那里获得信息，还是从收音机那里获得信息？实际上，在受访者给出的上述所有答案中,正确的答案可能是"安·兰德斯"。如果安·兰德斯是有关健康保健信息的主要来源,那么这四个答案中的任何一个都是似是而非的正确答案。

问题本身并没有给受访者提供有关"到底想要多详细的信息"。而且,访员也无法用问题的某些词语来刺激受访者达到恰当的深入程度。某些善意的、间接的追问,比如"请告诉我更多有关这方面的情况",会有助于把一般性答案说得更具体些。但是,如果研究者能够与访员及受访者就"什么样的答案会满足他们的需要"进行更明确、更一致的沟通,那么他们就会从不同受访者那里获得可比性更强的数据,使访谈更加一致,并获得更好的测量和数据。

原则5a:对可能有多个答案的问题,应该详细地说明答案的数量。

例4.19:你购买这个品牌而不是其他品牌的原因是什么?

评论:受访者会提到不同数量的特征,访员会追问不同数量的多重答案。通过询问下列问题就可以消除这些可变性来源(sources of variability):

例4.19a:促使你购买这一品牌而不是其他品牌的最重要的品牌特征是什么?

评论:这种形式消除了所给答案数量上的可变性。

例4.20:在过去的30天里,你从事过下列哪种形式的体育锻炼?
　　a.游泳。
　　b.慢跑或跑步。
　　c.骑自行车。
　　d.滑雪。
　　e.在室内体育器材上锻炼,如划桨器、跑步器或健身脚踏车。

　　评论：自填式问卷中的答题说明（勾选合适的选项）并不总是有效的。有些受访者会勾选一个选项，便接着往下答。如果有访员在场并且受访者能看到这些活动清单，那么这种问题形式可能是适当的。但是，对自填式问卷和电话访谈来说，有关每项活动的一连串"是/否"问题可能是更好的问题形式。把没有作答解释成"否"总是危险的，应该加以避免。

调查问卷的格式

　　原则6：设计调查问卷要让访员和受访者尽可能轻松地完成阅读问题、遵循指示、记录答案等任务。

　　在问卷调查中，访员的工作其实并不轻松。访员的主要职责是听答案、弄清受访者是否提供了适当的答案。如果受访者没有做到，访员就要决定用什么样的后续问题来引出适当的答案。当研究者设计调查问卷时，应该努力去设想如何念问题，念什么问题，如何尽可能简单地记录答案，好让访员能够专注于工作的实质性方面。

　　基于不同的理由，使自填式问卷简单易答是至关重要的。在大多数情况下，受访者的积极性并不是很高。此外，应该假设受访者不是肤浅的读者。出于这两个理由，应该尽可能将调查问卷设计得简单易答。

　　对访员管理的问卷来说，上述这些原则也是有用的。给访员配备需定义的好文本以及可以沟通所需答案的问题，这些都会提高受访者答题的能力并减少访员所要完成的工作量。此外，简化问卷格式可以使访员工作起来更顺手。

　　图4.1至图4.3提供了三个调查问卷的例子。这些问题完全相同，但格式稍有不同。

　　访谈问卷至少有四个基本惯例，研究者在设计访谈问卷时需要多少留意一下这些惯例：

A1.在(参考日期)时,你是否有一份带薪的工作?

1[　]有(续答第 A2 题)

2[　]没有

A1a.在(参考日期)之前,你是否曾有过一份带薪的工作?

1[　]有

2[　]没有(跳答第 A6 题)

A2.(在参考日期或参考日期之前你的最后一份工作),你的工作属于哪个行业?

_____

A3.你是自雇还是给别人打工?

1[　]自雇

2[　]给别人打工

A4.你那时做什么样的工作?

_____

A5.下面是关于你目前工作状况的问题。你现在是否有一份带薪的工作,你是否因疾病或残疾而下岗,你目前尚未就业吗?

1[　]目前从事带薪工作(续答第 A6 题)

2[　]因疾病或残疾而下岗(跳答第 A9 题)

3[　]尚未就业(请让访员核对)

访员核对:

1[　]如果受访者对 A1a 问题的回答是"没有"并且目前尚未就业(跳答第 A20 题)

2[　]如果受访者对 A1a 问题的回答是"有"并且目前尚未就业(跳答第 A15 题)

图 4.1　访员管理的访谈(第一种格式)

1.当问题的措词涉及某种选择时,比如当访员必须确定他/她所要念出的确切用词时,就需要有一个惯例。例如,当询问有关一对(夫妇)的问题时,研究者可采用将用词放入括号的惯例,指定某个地方让访员在(丈夫或妻子)中选择确切的用词。所有这些例子都把可选择用词放在括号里。每个例子呈现可选择用词的方式稍有不同,但内在一致。所有这些惯例旨在提醒访员,要做选择了,同时也坚持了研究者起草问卷的原则,好让访员能够准确地念出用词。

A1.在(参考日期)时,你是否有一份带薪的工作?

有 续答第 A2 题	没有

A1a.在(参考日期)之前,你是否曾有过一份带薪的工作?

有	没有	跳答第 2 页第 A6 题

A2.(在参考日期或参考日期之前你的最后一份工作),你的工作属于哪个行业?

A3.你是自雇还是给别人打工?

自雇	给别人打工

A4.你那时做什么样的工作?

A5. 下面是关于你目前工作状况的问题。你现在是否有一份带薪的工作,你是否因疾病或残疾而下岗,你目前尚未就业吗?

目前带薪工作	→续答第 2 页 A6 题
因疾病或残疾而下岗	→跳答第 4 页第 A9 题
尚未就业	→请让访员核对

5a.访员核对

1.如果受访者对 A1a 问题的回答是"没有"并且目前尚未就业
↓
(跳答第 5 页第 A20 题)
↓
2.如果受访者对 A1a 问题的回答是"有"并且目前尚未就业
↓
(跳答第 5 页第 A15 题)

图 4.2 访员管理的访谈(第二种格式)

A1.在(参考日期)时,你是否有一份带薪的工作?

　　　　　　　　有 ············ (跳答第 A2 题) ············ 1
　　　　　　　　没有 ·········· (问第 A1a 题) ············ 2

A1a.在(参考日期)之前,你是否曾有过一份带薪的工作?

　　　　　　　　有 ·· 1
　　　　　　　　没有 ·········· (跳答第 2 页第 A6 题) ······ 2

A2.(在参考日期或参考日期之前你的最后一份工作),你的工作属于哪个行业?

(行业)

A3.你是自雇还是给别人打工?

　　　　　　　　自雇 ·· 1
　　　　　　　　给别人打工 ····································· 2

A4.那时你做什么样的工作?

　　　　　　　　　　　(工作类型)

A5.下面是关于你目前工作状况的问题。你现在是否有一份带薪的工作,你是否因疾病或残疾而下岗,你目前尚未就业吗?

　　　　　　　　目前带薪工作 ·········· (续答第 2 页第 A6 题) ······ 1
　　　　　　　　因疾病或残疾而下岗 ···· (跳答第 4 页第 A9 题) ······ 2
　　　　　　　　尚未就业 ·· 3

如果受访者对 A1a 问题的回答是"没有"并且目前尚未就业
(跳答第 5 页第 A20 题)
如果受访者对 A1a 问题的回答是"有"并且目前尚未就业
(跳第 5 页第 A15 题)

图 4.3　访员管理的访谈(第三种格式)

2.应该把"给访员的指令"与"访员应该念读的问题用词"明确区分开来。有时**用加粗字体来表示"给访员的指令"**,用普通字体来表示"访员念给受访者听的用词"。一个不同的惯例是将"给访员的指令"涂上阴影(见图4.2)。关键在于,惯例要前后一致,好让访员在访谈时不必劳神费时地去定夺哪些话是念给受访者听的,哪些话是给自己的指令。

3.为了帮助访员来处理访谈问卷中的跳答,应该有前后一致的惯例。图 4.3 和图 4.5 就简单使用了与具体答项挂钩的文字跳答指令。图 4.4 则用方框和箭头,让人一目了然下一步该往哪儿走。使用哪种惯例可能无足轻重,但是,整个访谈问卷有前后一致、清楚明了的惯例会让访员工作起来更轻松。

4.记录答案的惯例也应该是前后一致的。研究机构对访员如何记录答案有不同的要求。有的机构让访员在答案上画圈(第三种格式),有的让访员在方框里打钩(第一种格式),还有的让访员在所选的答案上打叉。但是,比这个特殊方法更重要的是,调查问卷在整个访谈中,要始终如一地让访员做同样的事情,而不必去揣摩它。

图 4.4 和图 4.5 是自填式调查问卷的两个例子。

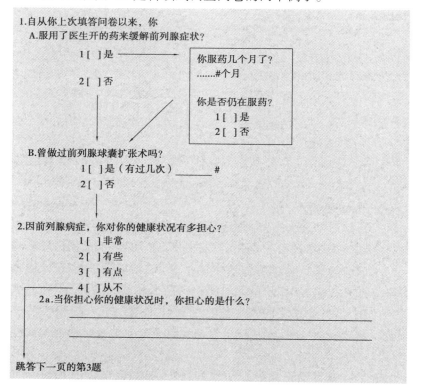

图 4.4　自填问卷(第一种格式)

1. 自从你上次填答问卷以来，你：
   A. 服用了医生开的药来缓解前列腺症状？

   是 ——→ 续答第Aa题　　　　　　否 ——→ 续答第Ab题

   > Aa. 你服药几个月了？ ………#个月
   >
   > Ab. 你是否仍在服药？
   > 　　　是　　　　　　　　否

   每人都要回答

   B. 曾做过前列腺球囊扩张术吗？
   　　是 ——→ 续答第Bb题　　　　否 ——→ 跳答本页的第2题
   　　Bb. 有过几次？ _____#

   每人都要回答

2. 因前列腺病症，你对你的健康状况有多担心？
   非常　　　有些　　　有点　　　毫不　　　续答下一页的第3题

   2a.当你担心你的健康状况时，你担心的是什么？
   _____
   _____

图 4.5　自填问卷（第二种格式）

1. 让受访者清楚地知道要回答哪些问题、要跳答哪些问题。大多数自填式问卷的设计者试图尽量减少跳答。但是，当跳答不可避免时，要尽量让受访者一目了然而无须依赖阅读指令，这可能是一个不错的主意。图 4.4 和图 4.5 说明了几种使跳答一目了然的方法。

2. 让受访者清楚地知道怎样回答问题。让回答任务在整个问卷中始终如一可能是有益的。大多数自填问卷设计者试图尽量减少或完全避免用叙事形式来回答的问题。

关键可能不在于对这些问题的特殊解决，而在于"便于管理"是设计调查问卷时所要优先考虑的问题。这似乎是不言而喻的，但是，人们经常发现，在有些调查问卷中，人们却优先考虑节省纸张或将许多问题塞在几页纸上好让问卷看起来更简短等其他事情。优先性应该在于，访员和受访者很容易阅读和使用问卷。

培训受访者

在标准化问卷调查过程中,必须对受访者进行培训或入职教育。如果"问与答"过程的目的是测量智力、能力或知识,那么就要对参加测试的受访者进行培训和入职教育:什么是优先考虑的事情(尽量正确回答更多的问题)?过程的规则是什么(人们能坚持多久,如果有回答错误,那么回答错误可以降低到什么程度)?问卷测试的每一节或每个部分的目的是什么?

原则7:如果人们在回答问题时用一致的方式来熟悉回答任务,那么就会有更好的测量。[不愿看到的情况是,测试分数反映了在理解如何进行测试上的差异(与测试被用来测量知识上的差异作比较)。在调查中,我们试图尽量减少因受访者熟悉任务方式的差异而引起的答案差异。]

受访者需要在以下三个方面接受培训:

1.任务的目标或优先性。
2.资料的收集过程以及如何扮演受访者的角色。
3.特定子调查的目标或目的。

研究者的利益在于,设法确保受访者在每个方面都得到一致的培训。福勒和曼吉温(Fowler and Mangione,1990)对受访者熟悉任务的重要性和理由有更详细的论述。

如果以邮寄的方式来进行调查,研究者就要依赖文字说明。我们知道,受访者阅读详细文字说明的意愿不尽相同。像图 4.6 那样的信息表,可能是用一致的方式将这些信息传达给受访者的一种相当有效的方法。但是,邮寄调查的一个代价是,不大可能对受访者进行有效的培训。

如果在调查中使用访员,就明显增加了对受访者进行有效培训的可能性。但是,当有些访员请人做志愿受访者时,他们自己不太愿意扮演培训者的角色。

访员需要把谋求合作的问题与受访者如何履行职责的问题区分开来。研究者可以通过给访员提供专用的标准化引导说明(orienting instructions)来帮助访员。

下面是卡内尔、格罗夫斯、马吉拉维、马赛厄维茨和米勒(Cannell,Groves,Magilavy,Mathiowetz,and Miller,1987)所使用的引导说明(introduction)的例子,他们以此来强调提供准确而完整答案的优先性:

> 本研究已获《公共卫生服务法》(Public Health Service Act)授权。对公共卫生服务部来说,对每个问题甚至对你似乎是无关紧要的问题获得精确细节至关重要。这可能需要多花些力气。你愿意为提供准确的信息而认真考虑每个问题吗?

如果受访者同意,再接着念下面的说明:

> 就我们而言,我们会为你所提供的所有信息保密。当然,访谈出于自愿。如果你有任何不想回答的问题,请随时告诉我,我们会转到下一个问题。

我们也了解到,受访者经常不知道标准化访谈是如何进行的。因此访员发现,在标准化的访谈开始前,念下面的一段说明极为有用(Fowler and Mangione,1990):

> 因为许多人从未参与过像这样的访谈,我来念一段话,让你多少知道一点访谈是如何进行的。我会逐字给你念一组问题,好让本次调查的每一位受访者都回答同样的问题。请你回答两种类型的问题。在有些情况下,请你用自己的话来回

答。对这样的问题,我会逐字记下你的答案。在另一些情况下,我们会提供一些答案,请你从中选出最合适的答案。如果你在访谈中有任何不清楚的地方,请务必随时告诉我。

医疗结果研究信息表

谁在做这项研究? 本研究是由达特茅斯医学院(Dartmouth Medical School)和马萨诸塞大学(University of Massachusetts)调查研究中心联合举行的。

谁支持这项研究? 美国公共卫生服务部(*The United States Public Health Service*)(即美国卫生及公共服务部的前身,又译美国卫生部——译者注。)下属的卫生保健政策与研究局(Agency for Health Care Policy and Research)。

这项研究的目的是什么? 本研究的目的是,了解有关前列腺放射治疗对像你这样的男性的影响情况,这有助于医生和病人更好地了解放射治疗后的预期后果。

问什么样的问题? 有关你的一般健康状况,放射治疗对你有多大的影响,你现在感觉如何等。

你是怎么知道我的名字的? 你的名字和住址是从卫生保健财务管理局(The Health Care Fincancing Administration)即卫生保健项目的管理部门的记录中获得的。该局参与了几项旨在协助评估全国各地卫生保健效能的重要研究。

我必须参加吗? 参与本研究完全是自愿的。尤其其应该知道,参与本研究绝不会影响你的医疗保健福利。当然,如果你不想参与,我们会失去你宝贵的经验并降低研究的准确性。如果你不愿回答某些问题,你可跳过它们。

要花费多长时间? 时间长短大致取决于你的回答。有些人可能会比其他人多说一些。不过,完成问卷的平均时间是20分钟左右。

我的回答是保密的吗? 是的。我们绝对不会让人辨认出你的身份,以此来使用你的答案。我们会把你的答案与其他受访者的答案合在一起而形成一个统计报告。问卷和信封上的编号只是为了让我们知道你是否交回了问卷。

将如何报告数据? 研究结果将在科学期刊上发表并为病人的信息资料提供重要的数据,而病人的信息资料将用来帮助前列腺癌患者来选择他们所愿意接受的治疗方式。

图4.6 事实表的例子

这样的说明在两个方面改进了测量。第一,它告诉受访者期望得到什么。这使受访者更有可能在所提供的类别中选择答案,或者在自己需要提供叙事答案时从容作答,好让访员能够完整地记录下答案。第二,一旦访员告诉受访者自己要做些什么,就会让受访者更容易地做自己该做的事,更不会以与自己所接受训练相悖的方式来行事。

最后,研究者经常忽略为受访者概述下一问题目的。

例子:下面一组问题旨在弄清你在过去的 12 个月里所接受的所有不同类型的医疗救助。我们将询问有关医生、上医院、做检查以及医生为诊断或治疗健康状况所做的其他事情等情况。

对访员和受访者来说,这么多的说明可能显得冗长和乏味,尤其当受访者在填写自填式问卷时,他们不大可能愿意去阅读每一节之前的冗长说明。另一方面,这样的说明可以让受访者对一系列问题的目的和理由有所认识,否则就可能显得零散和啰嗦。我们需要更多的研究来弄清如何将这些事情做得更好。不过,几乎可以肯定的是,在问卷分量表中使用更多引导说明和解释说明会改进"问与答"过程和测量过程。

结　论

本章所概括的一些原则主要基于对问题特征与调查误差之间关系的研究。本章所讨论的许多缺陷可以通过有效的观察来加以辨别。因此,评估调查问卷的一个方法是,严格地审查一系列拟定的问题,以确认那些明显违背本章所概括原则的问题(表 4.1 做了概述)。用这种方法可以清楚地甄别一些缺陷,比如是否具体说明了参考日期,问题是否包含了应该念给每位受访者听的附加从句等。但是,大多数所阐明的原则涉及访员和受访者如何使用问题。为了对此进行评估,研究团队成员的意见并不能取代经验测试。有关正式调查之前评估问题的程序是下一章的主题。

表 4.1　好的问题设计原则摘要

原则 1：调查研究的长处是向人们询问他们的第一手经验：他们做过什么，
　　　　他们的现状，他们的感觉和看法。

　　　　原则 1a：询问二手获得的信息要谨慎。

　　　　原则 1b：对假设性问题要谨慎。

　　　　原则 1c：询问因果关系要谨慎。

　　　　原则 1d：询问受访者有关复杂问题的解决办法要谨慎。

原则 2：一次只问一个问题。

　　　　原则 2a：避免一次问两个问题。

　　　　原则 2b：避免强加不合理假设的问题。

　　　　原则 2c：对含有隐藏情境条件的问题要谨慎。

原则 3：应该推敲调查问题的措辞，好让每位受访者都回答相同的问题。

　　　　原则 3a：应该尽量选择适当的词语，好让所有受访者都理解其含
　　　　　　　　义，而且所有受访者对其含义都有相同的理解。

　　　　原则 3b：如果必须使用某些费解的词语或术语，就应该为所有的受
　　　　　　　　访者提供定义。

　　　　原则 3c：一个问题所涉及的时间期限不能含糊不清，有关感情或行
　　　　　　　　为的问题必须有时间期间。

　　　　原则 3d：如果所概括的内容过于复杂而不能放在一个问题里，就要
　　　　　　　　询问几个问题。

原则 4：如果是访员管理的调查，问题措词必须构成一段完整而恰当的文
　　　　字：当访员逐字读出问题时，受访者要有充分的准备来回答问题。

　　　　原则 4a：如果要提供定义，就应该在提问前进行。

　　　　原则 4b：一个问题应该随问题的结束而结束。如果还有回答选项，
　　　　　　　　就应该放在问题的末尾。

原则 5：与所有受访者就某一问题答案的适当类型进行清楚的沟通。

　　　　原则 5a：对可能有多个答案的问题，应该详细地说明答案的数量。

原则 6：设计调查问卷要让访员和受访者尽可能轻松地完成阅读问题、遵循
　　　　指示、记录答案等任务。

原则 7：如果人们在回答问题时用一致的方式来熟悉回答任务，那么就会有
　　　　更好的测量。

5

问题的预调查评估

在前面几章里,我们阐明了好的调查问题的三个明确标准:

1. 所有受访者要对问题含义以及符合问题目标的答案类型理解一致。
2. 受访者要能够且愿意完成所交代的回答问题的任务。
3. 调查问题必须是某个互动和"问与答"过程的一个协议(protocol),这一协议对所有受访者来说是一致的。如果涉及访员,对所有访员来说也是一致的。

近年来,越来越关注从认知和互动的视角来评估调查问题。基本观点是,在全面调查询问问题之前,就应该进行测试以弄清人们能否理解问题?他们能否完成问题所交代的任务?访员能否逐字地念出问题?在本章中,我们将讨论在研究者从事一项调查之前,可以用哪些不同的方法来设法弄清他们的问题是否符合这些标准。尽管某些田野预调查在形式上是例行工作,但是,如果大多数调查机构使用本章所讨论的所有协议,就会在问题评估工作上取得显著进步。我们也希望证明,这样的努力是一项明智的投资。

本章的主题有关以下三种主要的问题评估活动:

1. 焦点小组(focus group)讨论。
2. 深度个人访谈(不重复拟议调查的程序)。

3.田野预调查(在合理的范围内重复拟议调查所使用的程序)。

焦点小组讨论

焦点小组作为一种社会研究方法由来已久,一些常见的例子有:

1.商业和政治广告的开发商经常预调查其产品,他们先让各种人群观赏其产品,然后就观赏者是否喜欢这种展示进行系统的讨论。
2.新产品和新理念的开发者向少部分人展示其产品和理念,然后就人们是否喜欢它们进行讨论。
3.政治竞选者召集少部分人以此为手段来设法了解人们所关注的问题以及他们对重大政治问题的看法。

一方面,焦点小组看似像出点子一样简单,难以让人认真对待。另一方面,人们通常会说,无论研究者在某个特定领域多么经验丰富,研究伊始的几场焦点小组讨论是弥足珍贵的。与一群人进行系统交流不会经常发生。每个研究者的视域都会有一定的局制。聆听人们所说的观点总会让研究者对"所研究的现实"或"人们如何思考它们"有更宽广的视野。

在调查研究中,最常使用焦点小组来帮助研究者界定主题和研究问题。当然,焦点小组也可以在问题评估过程中发挥作用。用焦点小组来评估拟议的调查问题,需要研究者对"拟议调查工具像是什么样子"有些明确的看法。

焦点小组讨论能在以下两个主要方面促成调查问卷的设计:

1.帮助检验有关人员对被问现实的预设。
2.评估有关词语的预设以及人们对调查问卷所使用的术语或概念理解方式的预设。

例子:研究者想对人们观看和参与文化活动和表演进行研究。调查的主要内容是询问人们多久才会观看某种表演。研究者召开几场焦点小组讨论会,旨在发现人们可能会报告哪些不同的艺术活动并仔细检查拟议问题的具体措辞。

至于什么才算是"观看艺术表演",关键是如何处理"伴随艺术(incidental arts)"问题。如果有人去餐馆吃饭,那里有爵士钢琴伴奏,这算不算是观看爵士表演?在博览会或游乐场听到的音乐是否也算在内?如果人们买票入座欣赏音乐节目,就不会有什么疑义了。然而,许多社会场所都有艺术和音乐表演,人们显然不知道如何处理这些偶遇的艺术表演和展示会。

在焦点小组中,研究者也意识到很难给音乐活动分类。当询问受访者观看或参加古典音乐会的次数时,有些受访者认为应该把歌剧算在内,另一些受访者则不知道如何处理自己参加或观看的半古典与半非古典的混合演出。

甚至"看电视节目"一词也变得复杂了。目的性再次成为关注焦点。如果受访者碰巧看到别人打开的电视节目,这算不算观看?难道受访者必须从头到尾看完电视节目才算是一次?

以上例子有助于说明,焦点小组讨论能提供两种不同的有用信息。第一,焦点小组讨论可以让研究者知道受访者所描绘的现实复杂性。在这个例子中,人们显然是以多种复杂的方式参加艺术活动的,而最初设计的调查问卷并没有考虑到这一点。如果研究者理解受访者会有某些模糊不清的经历,那么他就可以重新设计问题来帮助受访者以一致的方式来回答问题。

研究者也知道自己提问用词的含糊性。由于对"看节目""参加古典音乐会"或"看艺术展"等术语有不同的解释,因此当人们讨论这些术语时,他们显然对"什么算"或"什么不算"有不同的解释。

实际步骤

有些著作专门论述了如何使焦点小组有助益成效(Krueger,1988;Morgan,1988;Stewart and Shamdasani,1990)。"让人感到

轻松自在","增进沟通交流","让每个人都有说话的机会","在各抒己见与不要跑题之间取得适当的平衡"等所有小组讨论的一般原则都适用于针对调查问卷的焦点小组讨论。如果有一位访谈技能出众的优秀主持人,那么焦点小组就会运作得更好。

依据我们的经验,5~8 人的焦点小组最佳。如果小组少于 5人,那么小组似乎会失去某种多样性和动力性优势。这种互动看起来更像是 3~4 人的个别访谈而非小组讨论。

如果小组超过 7 人,就很难听到每个人的发言。尤其是主持人可能很难去探究、发现每个人不同于早先发言者的观点或经验。不过,也有人推崇 10~12 人的小组,特别适用于有人可能无话可说的议题。

目前还无法对焦点小组的理想构成进行概括。这显然取决于主题。然而,人们不应忘记焦点小组的主要目标是获得对不同经验和看法的认识,而不是获得一个有代表性的样本。焦点小组讨论最重要的成果是确认对标准化构成的威胁。因此,在组建焦点小组时所需认真考虑的是,要吸纳那些对所讨论的主要问题有一系列广泛经验和看法的受访者。

另一个议题是,焦点小组是同质一些好,还是异质一些好。一般来说,异质的焦点小组可能是首选,但有一种情况例外。对某些议题来说,如果背景或经历相差太大,人们就会有所顾忌而不愿坦率发言。例如,如果议题是反犹太主义,那么全部由犹太人或非犹太人构成的小组,如果改为混合小组,其动力肯定是不同的。从设计问题的观点看,想要测量"犹太受访者被视为反犹太主义"的经历,可能最好是在这样的情境下与犹太人交谈:他们不必担心自己所言似乎不像犹太人,反之亦然。

另一方面,有时混合小组是更好的选择。在对医学治疗选择的研究中,将选择手术治疗的病人和选择非手术治疗的病人放在一组,可以彰显他们不同的关注以及他们对不同结果的重视程度。但是,选择同样治疗方式的人,彼此之间的差异可能不那么明显;由选择同样治疗方式的人构成的小组可能会更好地彰显这些差异。

小组构成会影响所知道的信息。针对某一特定的主题,研究者可能想要尝试一下同质小组和混合小组。这些结果可能会大相径庭，但同样有价值。

为设计和评估问题而组建焦点小组的方式，本质上是设计调查问卷的方式。调查问卷初稿是焦点小组讨论的一份好的协议（protocol）。

针对访谈问卷（interview schedule）的焦点小组讨论有三个基本主题。访谈问卷包括了一系列有关经历、行为或主观状态的问题。这些研究问题涉及以下三个方面：

1.问题是否恰当地涵盖了受访者应该描述的内容？
2.受访者是否能够并愿意完成问题所交代的回答任务？
3.问题的用词和描述是否传达了一致的含义，好让人们对所要回答的问题有一致的理解？

再让我们回到测量"人们参加艺术活动"的例子，可能会有以下几个讨论问题：

1.首先，我们会询问人们去年参加古典音乐表演的情况。你去年所经历的哪些事情可以算是古典音乐表演？

注意：当有人提出一件可能是模棱两可的事情时，就要鼓励焦点小组就该不该把这件事算在内提出是否同意的反馈意见。

2.这个问题会询问人们去年观看古典音乐表演的次数。你能回答这个问题吗？
　2a.如果我们给你某些类别，而不是让你说出某个确切的数字，例如，如果我们使用"没有""1~5 次""6~10 次""10 次以上"等类别，你觉得你能回答这个问题吗？
3.这里的关键概念是古典音乐。你给我们提供了一些你可能认为是古典音乐表演经历的例子。根据你对这个概念的理解，我们是否可以再谈论一下哪些算是古典音乐，哪些不算是古典音乐？

焦点小组通常先讨论一般概念,然后再讨论具体概念。在召集有关调查问卷的焦点小组之前,一个关键的步骤是,拟定一份清单,上面包括了现实情况、回忆任务(recall tasks)、报告任务以及术语等最重要的内容。对于这些拟议的问题以及在小组讨论中出现的其他问题,焦点小组特别要注意相互交流经验和看法。

焦点小组结果的使用

对于焦点小组的价值,人们普遍表示的担忧是:结果分散,难以处理。像大多数研究结果一样,焦点小组的核心价值在于本身具有一系列明确的目标。当焦点小组讨论的目标是用来帮助设计和评估调查问卷时,如果在召集焦点小组讨论时就至少有一份调查问卷的初稿,那么焦点小组讨论的结果就应该是对调查问卷初稿的逐题评审。

1.根据小组成员所说事情的范围,研究者是否想修改问题的目标,调整受访者将被问及的现实范围?
2.所有受访者或几乎所有的受访者是否能完成问题所提出的回答任务? 如果不能,用哪种方式来修改回答任务(缩短报告时间,增加回答类别,调整回答尺度),好让所有受访者或大多数受访者能够更轻松地完成任务?
3.所有问题的术语和概念是否得到清楚的界定,以便受访者能够一致地理解他们应该报告的东西? 如果没有,哪些关于问题措辞含糊或不准确的经验教训可以用于撰写更清晰的问题?

第一个基本步骤是记录焦点小组的发言。让主持人做记录并不合适,因为主持人在管理焦点小组时有太多的事要做。比较好的办法是安排一位或几位观察员来做记录。单面玻璃窗口(one-way windows)可以很好地实现这一目标,这样观察者也不会干扰小组讨论的过程。

最好的办法可能是给焦点小组录像。这样,几位项目组成员就可以一起观看录像,讨论结果,并回放所需要的关键片段。录像对观看者的影响远大于录音带,而且录像过程不太会干扰参与者。录音也是记录讨论内容的一种选择。然而,由于经常很难辨别说话者是谁,因此这并不是捕捉所发生事情的一种相当有效的办法。

对获取大量有关调查问题设计的信息来说,焦点讨论小组是极其有效的方法。那些以前从未经历过焦点小组的人经常会惊讶,怎么能够知道那么多有关自己正在研究问题以及如何询问问题等方面的知识。与大多数调查所付出的辛劳相比,焦点小组的投资很小,但回报却很大。不过,人们还是难以解释为什么每项调查并没有从一开始就进行焦点小组讨论。

当然,已经指出,焦点小组讨论只是评估过程的开端。它有助于发现一份好的调查问卷所要解决的一系列问题,就解决某些措辞和概念问题而言,它只不过是一个开端。但是,深度个人访谈和田野预调查必定要检验焦点小组讨论无法解决的一些调查问题。

深度个人访谈

正如上文所述,调查研究者和认知心理学家在20世纪80年代初开会讨论他们共同关注的问题,其中一个主要的结论是,为了了解受访者作答时的想法,问题测试应该包括认知心理学家常用的一些程序。在这场讨论会之前,贝尔森(Belson,1981)等人"听取了(debrifed)"受访者对问题的看法。不过,把当下对认知实验访谈的兴趣归结为那场讨论会的推动(Jabine, Straf, and Tanur, 1984)以及国家卫生统计中心(National Center for Health Statistics)所做的开创性工作(Lessler,1987;Lessler and Tourangeau, 1989),可能是公允的。

尽管认知或深度访谈有多种形式和样式,但是,它们仍可以用某些共同的要素来加以界定(Forsyth and Lessler,1991):

1. 这一过程首先是发现受访者如何理解问题以及如何完成回答任务,不需要特别费力就可复制正式调查所使用的数据收集程序。

2. 受访者通常被带到可对访谈进行观察和记录的特别场所,因此,这些访谈常被称为"实验访谈"。

3. 与使用调查访员的田野预调查完全不同,从事认知访谈的人通常不是普通的调查访员。他们有时是认知心理学家,有时是研究人员,有时是访员的高级督导。但是,在所有的情况下,他们都非常熟悉研究目标和个别问题目标,因此他们能够对"受访者完成任务的方式"与"研究者所设想完成任务的方式"之间的差异很敏感。

4. 最重要的是,基本协议(basic protocal)包括给受访者念问题,让他们回答问题,然后用某种办法来获悉受访者在"问与答"过程中到底在想些什么。

选择受访者(即这一过程被访者)的标准与组建焦点小组的选择标准相似。目标是挑选一组人来代表实际调查中的各种受访者。由于对受访者有特殊的要求,他们通常是有酬的。访谈一般持续一个小时到一个半小时。如果超过两小时,大多数研究者会发现受访者对任务的忍受力已达极限。由于互动很花时间,因此访谈通常不能有持续 15 或 20 分钟的调查问题。一般而言,实验访谈只能涵盖拟议调查访谈问题的一个实例。

有三个常见步骤用于设法监控答题受访者的认知过程(Forsyth and Lessler,1991):

1. "出声思考(think-aloud)"访谈。

2. 在每个问题或简短的系列问题之后,询问几个探究性问题或后续问题。

3. 两次询问相同的问题,先让受访者以普通方式来回答问题,然后再回到问题,与受访者就回答任务进行讨论。

"出声思考"访谈是认知心理学家的常用技术。从本质上讲，"出声思考"就是在受访者理解某个问题、在记忆中搜寻理解问题所需要的信息并将已有信息转化为答案的时候，训练受访者想出声来，尝试把心里所想的东西和认知过程都说出来。如果做到这一切，就提供了一个很好的窗口来洞悉问题是如何加以理解的以及答案是如何产生的。这个方法的不足是，每个受访者完成这项任务的能力千差万别。有些受访者在描述自己的认知过程时感到相当吃力。受过较多正规教育的人可能比其他人做得更好。而且，这个过程所收集的有关认知过程的信息在形式上是非结构性的。因此，这就对访员或访谈观察者得出有关问题缺陷（question problems）的结论提出了额外要求。最后，有些人担心，"出声思考"过程本身会影响受访者解决回答问题的方式。

也许更常见的策略是，询问受访者有关"问与答"过程的问题。一个标准的协议（protocol）可能是读问题，让受访者经历整个答题过程，然后再询问受访者一系列有关回答任务的问题。五种常见的方法如下：

1. 让受访者自己解释对问题的理解。
2. 让受访者来界定术语。
3. 询问受访者是否对"什么是合适的答案"有任何疑点或困惑。
4. 询问受访者有多大的信心来提供正确的答案。
5. 如果问题要求提供数字答案，就要询问受访者是如何得到这个数字的。如果问题要求完成某个评价任务，就要让受访者谈谈他们所经历的选定答案的过程。

如上所述，可用两种方法中的一种来完成这个过程。第一，在每个问题或一系列问题之后，可以让受访者逐条检查一下认知协议（cognitive protocol）。第二，访员可以经历整个访谈过程，然后再回过头来用认知协议来逐条检查问题。前一种方法的优点在于，在受访者完成认知任务后就随即提出问题，受访者比较容易谈论他们的思考过程。另一方面,这样的协议扰乱了访谈以及不同问题之间可能存在的关系。因此,访谈过程可能不太真实。当受访者重新回到问题、逐条检查访谈问卷时,他们可以说出自己对问题的理解,详尽解释自己的答案,但是,认为他们能够重建他们自己早先答题时的思想过程当然是不现实的。

如果有了具体的目标和关注焦点,认知访谈就像焦点小组一样是最好的、最富有成果的。研究者应该标出他们觉得可能有缺陷的词语、理解和作答等具体问题。然后,访员向受访者就某些事先确认的问题,以及理解和困难等更普遍的问题进行特别调查。认知访谈协议的例子如图 5.1 所示。

A1.在过去 30 天里,你觉得有几天有性冲动?

　　＿＿＿＿天

A2. 你觉得你上个月的性冲动是:

　　[ ] 比平时强很多

　　[ ] 比平时强一点

　　[ ] 跟平时一样

　　[ ] 比平时弱一点

　　[ ] 比平时弱很多

A3.你觉得你上个月对性的兴趣是:

　　[ ] 比平时强很多

　　[ ] 比平时强一点

　　[ ] 跟平时一样

　　[ ] 比平时弱一点

　　[ ] 比平时弱很多

(我现在想就你如何回答这些问题提出一些具体问题。)

a.请用你自己的话来概括一下你对性冲动一词的理解?

b.如果有不同,性兴趣一词在哪些方面意味着不同的东西?

c.请告诉我你是怎样算出性冲动次数的?

d.如果让你把你现在的兴趣和欲望与"平时"进行比较,你认为什么是"平时"?(这是什么时候?)(是什么促使你把这选作"平时"?)

图 5.1　认知协议

　　尽管这些深度访谈的目标和结果可能看上去与焦点小组差不多,但是,认知访谈是焦点小组的补充。焦点小组的主要优点是,它们是有效率的。在一个半小时内就能获得 7~8 个人的看法和经历。相比之下,深度个人访谈在一个半小时内只能获得一个人的经历。另一方面,焦点小组没有对个别问题的具体措辞进行有效地检验。尽管小组可以讨论措辞,但是,这不同于发现一个人怎样处理一组特别用词。同样地,焦点小组成员可以讨论他们怎样能够或愿意回答问题,但人们不可能重复受访者所经历的真实答案形成过程。在两种情况下,研究者试图理解一些缺陷,而这些缺陷会影响人们一致地理解问题以及受访者以一致和准确的方式回答问题的能力。然而,焦点小组在一般的意义上来解决这些缺陷,而深度个人访谈则用来研究在理解和回答经历上的具体缺陷。

　　焦点小组和深度个人访谈没有涉及有些好的问题设计方面。首先,无论是焦点小组还是深度个人访谈都没有检验访员是否能够简单地、舒服地逐字念出问题? 为了弄清这一点,就需要访员在真实条件下来检验问题。研究者在实验环境中念问题的优劣程度,并不代表访员在受访者家里或在电话里念问题的实际情况。

　　其次,有酬志愿者在实验条件下能够并愿意完成的任务,可能不同于当受访者被打断了日常生活而接受访谈时的情况。在实验条件下明显有缺陷的问题,在正式调查访谈条件下几乎肯定也是有缺陷的,反过来可能不是这样(Royston,1989;Willis,Royston,and Bercini,1989)。因此,在焦点小组和深度个人访谈之后,还必须在实际数据收集过程中检验调查问题。

田野预调查

　　访员管理的调查有一个传统田野预调查的原型(prototype)。当调查问卷快要完成时,经验丰富的访员会对15~35 位与正式调查受访者相似的受访者进行访谈。数据收集的程序也被设计得与正式调查所使用的程序相仿,唯一例外的是,对受访者的选择可能是基于方便和可获得性,而不是基于随机抽样策略。访员主要负责此类调查问题的评估(Converse and Presser, 1986)。

访员经常与研究者面对面地讨论他们的预调查经历。访员向研究者报告印刷错误、错误的跳答指示、不适当的填答形式等一些实际问题。研究者还要弄清访谈到底需要多少时间。

在做正式调查之前,获取关于这些实际问题的信息是一个重要步骤。访员还要报告他们认为会对自己或受访者造成不便的问题。然而不幸的是,像调查问题的系统评估机制一样,传统实行的预调查也有一些明显的不足。它们包括:

1. 问题评估的标准常常表述不清。即使表述清楚了,访员对"什么是问题的缺陷"可能有不同的看法。

2. 访员诊断问题的能力受到另外两个因素的影响。第一,既要完成一个好的访谈,同时又要观察访谈,这样的双重角色很难胜任。第二,访员经过挑选和培训而成为解决问题的能手。优秀访员也能逐字念出写得很差劲的问题,即使问题设计得很糟糕,他们依然能够追问出适当的答案。由于他们出色的专业技能,资深访员也可能对他们成功解决的问题缺陷并不敏感。

3. 访员在预调查中只需要少量的受访者样本。当受访者对某一问题有疑义时,访员会做出判断,错误究竟出在受访者身上还是问题本身。如果20%~40%受访者觉得有疑义,那么就是一个严重的缺陷。不过,这可能意味着:访员只做了6次预调查访谈,可能只有1位受访者有疑义。

4. 报告会并不是一个获取访员评估信息的好渠道。有些访员免不了要比其他访员多发言,口才更好,但这些不见得与他们发言的质量成正比。

5. 有些问题的缺陷可能不会出现在预调查访谈过程中。在预调查前做焦点小组特别是认知访谈的重要理由是,事先发现理解上的缺陷。但是,如果预调查的受访者样本更大而且可能更有代表性,那么就可能为发现问题理解上的困难提供了另一次机会。不过,尽管对访员来说这些缺陷可能是显而易见的,但是,对其他人来说,如果没有特别的举措,可能就不是这样。

为消除这些缺陷,研究者近来努力采取措施改进传统的预调查。一些最值得注意的具体办法是:

1.在预调查访谈中,对访员和受访者的行为进行系统地编码(Morton-Williams and Sykes, 1984; Oksenberg, Cannell, and Kalton,1991)。
2.访员用系统评价表(rating forms)来评估问题。
3.在预调查访谈中,用特殊的追问技术来听取受访者的报告。

对访员和受访者的行为进行编码

这项基本技术非常简单。预调查访谈是有录音的,它可以当面完成或在电话里完成。对电话访谈来说,为了不违法,必须明确告知受访者访谈会被录音,并就此获得他们的许可。如果恰当地说出想法,受访者很少会拒绝访谈录音,这一点已得到公认(Fowler and Mangione, 1990)。

然后对录音记录进行编码,以协助对问题的评估。有几种不同的编码方案(coding schemes)可供使用。图 5.2 就是这种评估表的一个例子。基本的方法都是一致的。
1.对访员念问题的方式进行评估。对每个问题来说,编码员可使用下列三种编码方案中的一种:
  a.一字不差地逐字念问题。
  b.在不改变题意的情况下,稍作变动地念问题。
  c.在改变题意的情况下修改措词,或省略问题中的某些关键词来对问题做较大的修改。
2.在念完问题之前,受访者通过提问或抢答打断了念问题。

编码员提示

在下表"问题"一栏里写下每个问题的数字(请把带有引导性主干的问题当作单独"问题")。

如果问题跳答正确,就在第一栏做标记。如果问题念得正确,就在第二栏"无误"处做标记。你可能听过两种不同的念题错误:主要错误和次要错误。次要错误是指访员念题时稍作改动,但没有改变题意。例如,访员漏读了冠词"一个"或"这个"。主要错误是指访员念题时做了较大改动,改变了题意。另一种主要错误涉及引导性主干问题,访员没有念出主干中所需数量的选项(例如,访员应该至少念出主干的前三个选项,但只念了主干的第一个选项,或者漏掉了一个或更多的回答选项)。

"打断"一栏用于受访者在念完问题前就给出答案。

"重复问题"一栏记录了访员完全重复或部分重复问题的次数。

"其他追问(other probes)"一栏记录了访员用其他追问技术而获得答案的次数。

"要求澄清"一栏用于受访者要求澄清"你指的是什么?",或者受访者不知道词意的时候。

念读

问题	正确跳答	无误	次要错误	主要错误	打断	重复问题	其他追问	要求澄清
A1								
A1A								
A2								
A3								
A4								
A4A								
A5								

图 5.2　行为编码表

3.受访者最初的答案不合适;答案不合题意。为了修改这个答案,访员就必须:

a. 重新念问题。

b. 为了得到符合问题目标的答案,对受访者的最初答案使用另一种后续追问技术。

4. 受访者要求对问题进行澄清。当受访者在答题前向访员询问与问题有关的事情时,就可以使用这个编码。

预调查访谈行为编码的基本原理是:当调查访谈顺利进行时,访员会逐字地念出问题,随后受访者会给出符合问题目标的答案。一旦完备的"问与答"过程出现偏差,它可能就是问题缺陷的征兆。偏差出现得越频繁,问题缺陷存在的可能性就越大。

事实显示,问卷问题会对受访者和访员的行为产生可靠的、可预测的影响。在一项研究中,两个不同的调查机构对同一个调查问卷进行了预调查。随后对预调查行为编码(behavior coding)的结果进行逐题比较。人们发现,"逐字念问题""受访者要求澄清""受访者不适当地作答"这三种主要行为在两次预调查中出现的比率呈高度显著相关。因此,不论由谁来做访谈,同样的问题都可能出现"误读问题""要求澄清"以及"不当回答"等现象。

行为编码的结果是每个问题的简单分布。从编码来看,每个行为在所有预调查访谈中出现的比率都被列表显示。列表显示的结果可能看起来类似于图 5.3 所示的结果。

念读								
问题	正确跳答	无误	次要错误	主要错误	打断	重复问题	其他追问	要求澄清
A1		22	2	1				
A1A		25				1	8	
A2		25				5	1	1
A3		22	3				1	
A4		9	11	6		1	1	3
A4A		21	3	1				1
A5		24			1			5

图 5.3 行为编码汇总表

如果在预调查阶段发现了难念的问题,就可以将它们重写。让访员以标准化方式来管理调查工具的最好的办法是:给访员提供一些他们能够并愿意逐字念出的问题。

"打断问题""要求澄清"和"不适当的答案"等非常重要,有以下三个理由:其一,它们可能是受访者对问题理解不清或不一致的指标。其二,它们可能是未清楚交代符合问题目标的答案类型的问题指标。其三,当受访者没有直接回答时,就需要访员做出判断。访员在得到答案前需要修补的缺陷越多,就越有可能对答案产生影响,数据收集也就越不标准(Fowler and Mangione,1990;Mangione,Fowler,and Louis,1992)。

当受访者打断念题,访员就要做出决定。好的调查实践要求受访者在听完问题以后才给出答案。然而,如果访员认为受访者可能提供了正确的答案,那么就可能简单地接受下来。或者,访员在接受答案之前可以返回问题,并决定是将整个问题再念一遍还是将未念完的问题念完。从标准化测量的观点来看,最好的问题设计是,受访者尽量不要打断访员,访员也不必经常做出这些选择。

行为编码预调查访谈的程序比较简单且效率很高。编码不需要任何特殊的专业背景和经验,培训编码者也只需要几个小时。编码过程几乎可以与访谈同步进行,不必频繁地关掉录音机。尽管在电脑上设计一个直接数据输入系统就能很方便地制表,但是像图5.3所示的手工制表就完全让人满意了。

行为编码结果的优点是客观、系统、可复制和可量化。访员对受访者提出疑义的次数并没有一个确切的量化概念。访员确实不太擅长判别自己没有逐字念出的问题。因此,行为编码为研究者提供了大量与问题有关的信息。

这些结果可量化的特性提供了一个视角,可以把问题出现缺陷的次数与调查出现缺陷的次数进行比较。它也为研究者提供了"问题是有缺陷的"更可靠的证据。当访员说他们觉得受访者答题有困难时,研究者很难确定其困难的程度。当行为编码显示25%的受访者答题前"要求澄清"问题时,证据清楚地表明,应该采取行动了。

一旦将数据列表显示,接下来的议题便是如何最好地使用这些结果。有一个议题是,缺陷出现的比率到底有多高,才算是缺陷。尽管15%临界值的标准已在使用(Oksenberg et al.,1991),但是这个标准显然有些武断。不过研究发现,当至少15%的预调查访谈出现其中一种行为时,某个问题可能就有一个明显的、可修补的缺陷。在图5.3的例子中,根据访员追问的次数以及要求澄清的次数,问题A1A、A2和A5似乎都有潜在的缺陷。问题A4显然有一个念读的缺陷,也许还有一个回答的缺陷。

尽管一个或更多这些行为的显著比率是缺陷存在的征兆,但是还是要进一步采取措施来确认缺陷的性质。利用访员和行为编码员的经验可能是不无裨益的。

研究机构使用这些数据的方式各不相同。一个常见的策略是,在预调查后的访员报告会上来讨论预调查访谈行为编码的数据。在讨论个别问题的过程中,如果行为编码有缺陷,就可以让访员来分析一下是什么原因导致了这个缺陷。为什么很难逐字地念问题?受访者在提供适当答案时究竟有什么困难?

行为编码员可以参加访员报告会,或者他们可以单独地召开自己的报告会。这个阶段的目标应该是尽量多地了解问题缺陷的性质,因此访员和编码员的"投入(input)"应该成为问题评估过程的一部分。

接下来的议题是如何修补缺陷。在有些情况下,解决方案既明了又简单。如果有受访者不能一致理解的术语,通常解决办法是给这个术语下定义。如果访员没有念出问题末尾的垂悬修饰从句(dangling modifying clause),那么解决办法可能是挪走或去掉这个从句。表5.1列出了一组研究者可能想要关注的出现在行为编码中的常见问题缺陷。这张列表与第4章所列出的原则有重叠之处。

最后,一旦研究者收集了有关问题的信息,设法分析了缺陷的性质,提出了解决方案,那么实际上只有这样的办法才能弄清这一过程是否成功地提出了一个更好的问题:再做一次预调查,用同样的方法来评估问题,看一看能否把事情做得更好。

表 5.1　一些影响受访者和访员行为的常见问题缺陷

行　为	常见缺陷
访员误读问题	拗口的措词（很难说得流畅）
	访员发现多余或不合语境的介绍
	问题末尾的虚悬从句
	在提出回答任务时有漏词
打断	询问完整的问题以后还有一些限定条件
	受访者没有意识到还会有回答选项
访员追问	题意不清
（或不适当的答案）	含糊、未定义的术语
	含糊的回答任务
	题序欠佳,因此受访者无法回忆起回答选项
要求澄清	含糊、未定义的术语
	含糊的回答任务
	题序欠佳,因此受访者无法回忆起回答选项

访员的问题评估表

从访员那里获取有关调查问题信息的传统办法是,在预调查访谈结束后召开会议,让访员在会上交流他们对调查问题的看法和经验。当然,对研究者来说,获得有关调查工具如何给访员带来不便的反馈意见是至关重要的。然而,访员用来评估问题的标准可能因人而异,而小组讨论也不是征求人们意见的一个很系统的方法。

为了努力提高预调查访员对问题评估过程的贡献率,研究者最近做了实验,让访员对每个问题进行系统地评估。图 5.4 就是这种表格的一个例子。

这个表格相当直观,问题编号列于左侧,要求访员对每个问题做出三种评价:

1.逐字念出问题是否有困难？如果有的话,困难有多大？

2.问题中是否有受访者理解不一致或不易理解的措辞或概念？如果有的话,不一致的程度有多大？

3.受访者在区分或给出问题答案上是否有困难？如果有的话,困难有多大？

根据你的预调查经历,对每个问题进行评估,请将代码填入每个问题的前三栏。

用以下代码来表示每一个可能缺陷:

A=没有明显缺陷
B=可能有缺陷
C=肯定有缺陷

栏1应该用于你有逐字念问题的困难而引起的可能缺陷。

栏2应该用于受访者不能理解问题中的词语或想法而引起的可能缺陷。

栏3应该用于受访者有回答问题的困难而引起的可能缺陷。

问题	难念	受访者有理解问题	受访者有作答困难	其他问题	备注
A1	A	A	A		
A1A	B	A	A		
A2	A	B	A		
A3	A	A	A		
A4	C	C	B		
A4A	A	A	B		
A5	A	A	A		

图5.4 访员评估表

该表所使用的评估方案非常简单。访员只需要对问题做出以下的评估:a.没有明显缺陷;b.可能有缺陷;c.肯定有缺陷。

使用该表有以下"建议协议（suggested protocol）"。如果访员做预调查访谈，当他们发现评估上的某个缺陷，就会在空白处做上标记。在访谈结束后，他们会把这些标记连同说明一并誊写到"访谈总表（master interview schedule）"上。如果访员在每次预调查访谈后都按照这个程序去做，"访谈总表"就包含了所有访员在预调查中发现缺陷的标记。因此在访员报告会之前，访员借助这份总表，就完成了对每个问题的评估。

这些评估表实际上发挥了三种不同的功能：

1.这些表格最明显、最不容否认的价值是：它们为研究者列表显示访员对问题缺陷的初步看法提供了一个便捷办法。
2.表格还确保研究者了解所有访员在评估问题中的观点，而不只是报告会上发言者的观点。
3.评估表将访员的注意力集中在调查问题的主要方面，即访员有时会忽略的一些方面。

对访员在报告会上所述意见的分析表明，他们通常关注访谈问卷上"错误的跳答""写答案的地方不够""啰嗦问题"等引起他们困扰的问题。调查工具的实务方面经常是预调查报告会讨论的主题。从本质上来讲，这份特殊的评估表要求访员就调查问卷的某些方面提出系统的"看法（input）"，对访员来说，调查问卷的某些方面可能不是真正的缺陷，但对测量的质量来说却是至关重要的。

如果访员在报告会之前就完成了评估表，那么主持人就可以对在讨论问题时所获得的问题评估进行总结。评估表的第四个好处是，它可以把报告会讨论焦点集中在访员认为最有缺陷的问题上。

尽管可能会制作出比图 5.5 更好和更有用的评估表。但是最好的表格可能不会太复杂。表格做得越复杂，访员就越费力，不见得能增加多少评估的价值。评估的目标应该是发现有缺陷的问题，在讨论中可以更好地诊断缺陷的性质。

让访员完成这份评估表的成本很小。鉴于上述这些好处，很难质疑把这类评估表用于问题评估和预调查过程的价值。

向受访者提出特殊问题

标准预调查的主要目标是对即将完成的调查问卷进行评估。为此，我们通常希望尽可能将所做的预调查访谈复制得与正式调查一样。

正如我们在上文所讨论的那样，标准调查的"问与答"过程并不总是提供一个窗口来洞悉"受访者是如何理解问题的"以及"他们的答案意味着什么"。在田野预调查之前，提倡使用焦点小组，特别是深度实验访谈的主要理由是，在田野预调查之前发现尽可能多的认知缺陷。此外，上文所述的行为编码也会提供"某些未得到一致理解问题"的线索。尽管如此，我们知道某些受访者不用澄清题意也能适当地回答问题，然而事实上他们对问题的理解是不完整的。基于这个理由，研究者意在另辟蹊径，用预调查来更好地识别受访者理解不一致的问题。

研究者通常不愿给常规预调查添加太多的问题，原因有二：第一，如果在访谈中对受访者提出额外的问题或要求，就会改变访谈的动力及其时间长度，而这可能会降低研究者实际检测调查工具如何运作的能力。第二，假设某项调查依赖于志愿受访者，当几乎总是这种情况时，就有可能抑制受访者这样的意愿：除了充当预调查受访者外，还要花时间来协助评估问题。

基于这些限制，研究者探讨了至少三种不同的方法，让预调查受访者在问题评估过程中予以进一步协助。

1. 可以让受访者描述一下他们理解特定问题的方式。认知访谈所使用的"让受访者解释问题"或"界定关键术语或概念"等两个方法可以用来发现受访者理解问题的不完善之处。
2. 同样，可以让受访者详细说明一下他们给出某个问题答案的理由。当问题需要一个固定答案，即在访谈问卷所提供的答案选项中进行选择时，这个方法特别适合。让受访者以叙事的形式来解释这些问题的答案通常是有启发性的,因此,研究者可以对所选答案如何反映了受访者所要表达的东西进行评估。

3. 让研究者对不同的问题性质进行评估。两种常见的评估是:(1)询问受访者能够回答某些问题的准确程度;(2)询问受访者认为他们自己或其他人修饰某些问题答案的可能性。

对理解的追问(Comprehension Probes)

例 5.1:在上个月里,你有几次去看病或与医生讨论你的健康问题?

设计该问题的目的,要既包括与医生的电话谈话又包括看门诊。它试图涵盖包括精神医师在内的所有医学专家。研究者可能想要知道受访者是否以预期的方式来理解问题所涉及的范围。他们可以询问下列一系列后续问题:

例 5.1a:你给我的数字是否包括你打电话得到医生的医疗咨询而不是亲自看门诊的情况?

例 5.1b.在上个月里,你是否在电话里与医生讨论过你的健康状况?

例 5.1c.如果你上个月在电话里与医生讨论过你的健康状况,你认为你会把它算作问题的答案吗?

例 5.1d.你给我的数字是否包括了看精神科医生?

例 5.1e.在上个月里,你看过精神科医生吗?

例 5.1f.如果上个月你看过精神科医生,你认为你会把它算作问题的答案吗?

例 5.2:在上个月,你有几天体育锻炼至少有20分钟?

后续问题可能看起来与以下问题相仿:

例 5.2a：当你计算体育锻炼时间时，你是否把散步算作体育锻炼？

例 5.2b：如果你上个月有过散步，请问你有几天散步至少有 20 分钟？

例 5.2c：如果你上个月有过散步，那么你是否认为你会把散步算作问题的答案吗？

至于如何使用像这样的系列问题，需要注意以下几点。首先，它显然要求研究者有一个特别关注的主题。俗话说得好："无的放矢是不会满载而归的（general fishing excursions for ambiguities are not very productive）"。当这些问题针对有关理解的特定议题时，它们就能发挥最大的作用。

整个系列问题都是有价值的，因为每一个问题都提供了不同的信息。前两个问题是相互依存的，双方都需要为对方答案的重要性提供说明。第一个问题评估了事件发生的频率，第二个问题则评估了主题事件被遗漏或被忽略的次数。

需要审慎对待第三个问题答案的重要性。对"假定问题"的回答往往是靠不住的。尽管如此，如果相当多的人似乎误解了问题，即使只是在假设的意义上，人们也会认为研究者可能想要对问题的定义施加影响。

使用叙述性答案

在最近一次调查中，研究者询问受访者去年读过几本小说。研究者想要弄清受访者是否知道什么是小说。

为了在预调查中评估这个问题，可询问受访者以下的问题：

例 5.3：你说你去年读了多少本小说。你能否告诉我你所读过的一些小说的名字？

这些答案再被编码为"小说"或"非小说"。结果显示，约 25% 受访者认为是小说的图书其实并不是小说。

上述所有的例子都涉及事实问题,即在理论上有"对"或"错"答案的问题。追问的目的在于发现人们对问题和答案的理解是否一致,以便能把答案解释成研究者想要解释的东西。同样的技巧也可以用在稍微主观一点的评价上。

例5.4:总的来说,你怎样评价你的健康状况 —— 极好,很好,好,尚好,差?

例5.4a:当你说你的健康状况是(**上题答案**)时,你做出这样评价是出于什么考虑或想法?

在这个例子里,问题的目标是对某人的"健康状况"即健康程度进行评估。当做了上述的追问后,据了解,人们会用各种标准来评估自己的健康状况。例如,有些人会根据生活方式的健康程度来进行评价。他们之所以说自己的健康状况"尚好",是因为他们没有经常锻炼身体或饮食无度。另一些人似乎主要评价自己的体质(fitness),而不去评价是否有任何可能影响其身体功能和寿命的疾病。

就某些目的而言,评估"某人生活方式的健康程度"与评估"某人的健康状况"大相径庭。研究者从这个后续问题了解到,如果他们想要让受访者用同一种标准来评估其健康,他们就必须对"受访者应该使用什么维度"作出更好的解释。

让受访者自己来评估问题是评估问题的第三种方法。就使用这些问题来说,布拉德伯恩和苏德曼(Bradburn and Sudman, 1979)的著作被看成是最有趣和最成功的。他们的访谈主要涵盖了暴饮、性生活、收入、教育等一系列活动。在访谈后的受访者报告会上,他们询问了三种不同的问题。首先,他们问是否有任何太难或很难的问题。其次,他们问是否有任何过于私密性的问题。再次,他们问受访者如何看待"大多数人对答题的感觉 —— 很难,难度适中,有点难,不难"。

他们的结论是,询问受访者是否觉得问题很难或涉及隐私,这本身就是威胁性问题。我们的研究也得出极其相似的结论。当直接向受访者询问问题的难易程度或隐密程度时,我们认为,我们多半不会从受访者那里得到什么有用的信息。

另一方面,布拉德伯恩和苏德曼发现,有关"受访者如何看待其他人对这些问题的感觉"等投射性问题的答案令人大开眼界并更符合他们所掌握的有关回答误差(response error)的信息。

有人可能认为,这不过是询问受访者不知道答案问题的一个例子而已。然而,投射预设(projective assumption)表明:当人们回答像这样的问题时,他们就把自己与其他人等同起来,他们给研究者说的实际上是他们自己对问题的感受。

小 结

本节的主题是探讨在实际调查现场应用认知实验方法的可能性,好让研究者能够在更真实的数据收集环境下,从规模更大、更具代表性的受访者样本中获得反馈。为了防止这种追问干扰预调查的主要目标,对追问问题必须要有适当的限制。最好的策略可能是关注六个问题。在访谈结束后,访员可以回到这些问题上,提醒受访者这些问题说了些什么,然后再询问上文所述的一些后续问题。正如所注意到的那样,后续问题的目标越集中、越明确,就越有可能达到想要达到的目的。

如果这样有限的评估还不够,而且还有一些在实验现场无法真正实现的目标,那么有些研究者可能想考虑"混合策略(hybrid stategy)",即有些研究者所说的"深度访谈(in-depth interview)"。从本质上讲,深度访谈是将某些认知实验元素引入更真实的调查现场。受过专门训练的访员会针对调查中的许多问题询问一些详细的后续问题。访谈通常是在受访者家里进行的。这些样本比认知实验通常所能获得的样本更大、更具代表性。当这些深度访谈完成以后,它就给问题的开发和评估过程增添了新的步骤。不过研究者随后仍需制作一份接近完成的调查问卷,以用于整个田野预调查。

一旦调查问卷做好了田野预调查的准备,那么就应该解决了大部分有关问题理解和回答任务认知方面的问题。不过,研究者在完成田野预调查时,有可能在预调查访谈结束后再询问几个后续问题,这是他们在正式调查之前对问题的认知方面进行评估的又一次机会。

在自填式问卷中调整预调查策略

以上策略,特别是行为编码和系统访谈评估的策略,都取决于这样的一个事实:在访员管理的调查中,"问与答"过程是口头进行的。相比之下,当使用自填式问卷时,所有关键的"问与答"行为都发生在受访者的大脑中。同样的议题当然是彼此相关的。受访者必须以一致的方式来理解问题,他们必须知道什么样的答案符合问题的目标,而且他们也必须能够完成回答的任务。本节的议题是,如何使上文所述的程序适应自填式问卷的特殊要求和挑战。

首先,自填式问卷像访员管理的问卷一样也能够很好地利用焦点小组和认知访谈。用自填形式询问的问题尤其应该使用认知实验技术,其中询问问题和回答问题都是口头进行的。

与访谈相比,自填问卷的一个显著特点是,受访者可以看到全部回答选项。因此,实施深度认知访谈的现实途径可能是,让受访者看到所要询问的问题,好让他们看到所要选择的答案选项。不过,口头完成的"问与答"过程可以让访员获得更多有关受访者在思考什么的信息。

一旦有了经过各种评估、即将完成的调查问卷,还需要做一次预调查来评估"问与答"过程是如何进行的。显然,访员评估并不符合这个协议(protocol)。然而,对自填式调查来说,观察受访者填写问卷过程并听取受访者关于这些问题的报告是适当的选择。

无观察的田野预调查

对邮寄调查程序进行预调查的一种明显方法是:复制邮寄调查程序,即将问卷寄给受访者,让他们填好后再寄回来。此外,也可以让受访者回答几个"报告问题(debriefing questions)"。例如,在问卷最后,可以让受访者确认一下他们感到困惑的问题、难以回答的问题或其他原因引起缺陷的问题。

正如访员管理调查的传统田野预调查一样,这样的田野预调查并没有提供许多有关"问与答"过程的信息。预调查受访者的笔记可能多少有点用,但可能用处不大。他们所使用的标准可能很难加以界定,而且我们知道受访者通常不能很好地品鉴调查问题。因此,尽管这种预调查能够提供有关问卷回寄意愿、填答问卷的能力以及填答问卷所需时间的信息(假设其中就有一个关于这方面的问题),但是研究者还需要另辟蹊径来弄清"问与答"过程。

用观察来评估自填式问题

观察受访者填写自填式问卷可以获得有关问题缺陷的有用信息。如果受访者花了很长时间来回答一个问题,这可能暗示问题令人困惑或难以回答。迄今为止,尚未对观察在发现问题缺陷中的作用进行可靠的研究。此外,为了确实发现高于平均回答时间的问题,必须安排一位观察者来检查每位受访者的一举一动,这成了一项劳动密集型的工作。尽管如此,从这些观察中或许可以学到许多东西,而且这是一个可能值得进一步研究的领域。

可以更肯定地说,当问卷要求受访者从录音或其他来源那里获取信息时,实际观察受访者所经历的获取所需信息的过程可能是非常有益的。这种方法可能最适合于机构调查。通常会让受访者去收集有关某些行业的就业人数或者某些地区销售量的信息。研究者了解他们对信息要求的难易程度是至关重要的,因此他们能够提出一项切合实际的任务。为了对受访者实际参与填写问卷的情况进行评估,询问预调查受访者"在填答问卷时是否有观察员在场"可能是一个非常有益的做法,可能应该更经常地加以使用。

听取受访者报告(debriefing respondents)

评估自填式问卷最常见的策略可能是,让受访者填写问卷,然后就调查问卷对受访者进行简短的访谈。这可以是个人访谈,也可以是焦点小组访谈。在此情境下也可以使用前文所述的听取访谈受访者报告这种技术。此外,也可以让受访者报告他们在阅读和回答问题时所遇到的各种麻烦。

小　结

虽然对访员管理的调查问卷和自填式调查问卷来说,认知实验测试都是有价值的,但是由于在预调查中很难找到问题缺陷的线索,因此它对自填式问卷来说也许是特别重要的。人们即使完全误解了某个问题或问题所需要的东西,也可以勾选答案,继续往下答,而没有任何明显的缺陷。结果,在预调查自填式问卷的最后阶段,人们很难发现认知缺陷和回答缺陷。因此,自填式问卷最后一次预调查往往把重点放在问卷的实务方面:确保回答任务尽可能清楚明了和简单易行。尽管如此,研究者在每个阶段都有机会来判断问题中是否有明显的理解缺陷。最好的做法是在每个阶段,包括最后阶段,至少为预调查受访者提供某些机会来发现未得到一致和可靠理解的问题。

列表回答

为了在预调查阶段来协助评估问题,研究者所能采取的最后步骤是,用列表来表示所获得的答案分布。如果所做的预调查访谈少于 20 人,那么列表的价值就很小。但是,如果所做的预调查访谈有 30 人或更多,那么列表就能提供更多的有用信息。

显然,预调查分布(pretest distributions)不仅有数量上的局限,而且还有样本代表性上的局限。但是,如果样本与研究总体极其相似,那么分析预调查数据至少可以获得四种信息。

1.主观量表答案分布可以提供有关"是否提供正确回答选项"的信息。请记住,如果受访者在连续量表上得到广泛分布,那么就增加了量表的信息量。如果所有受访者都给出了同样的答案,那么这个问题就没有提供任何信息。如果某个问题有两个回答选项,90%的受访者选择了其中一个选项,那么就意味着只有约10%的受访者提供了信息。因此,检验预调查回答分布是用来确认受访者在1~2个类别上特别集中的问题。对于这些问题,研究者可以考虑修改回答选项以扩大受访者在量表上的分布范围,从而增加从问题中获得的信息量。另外,根据答案分布,他们可以作出决定,哪些问题没有提供有用信息,可以把它们从调查问卷中剔除。

2.在某些情况下,调查被设计用来向提供某个特别答案的人询问一些后续问题。

例5.5:一般而言,请描述一下你是如何看待所获得的医疗保健的? 你是否在总体上感到满意?

例5.5a:(如果不满意),请问你主要在哪些地方不满意?

在预调查中人们可能发现,很少有人回答说"不满意"。在这种情况下,就要向他们询问后续问题,但后续问题并没有提供多少信息。如果信息很少,可能就要做一些修改。

a.修改原初的问题,设法引出更多"不满意"答案。

b.向更多受访者询问后续问题,或者像例子5.5b那样,甚至向所有受访者询问后续问题。

例5.5b:你是否觉得你不满意你所获得的医疗保健? 如果是这样,那么你对哪些地方不满意?

c.去除所有的后续问题。

3.回答选项的无回答率,即受访者没有提供问题答案的比率,是另一个可以根据预调查答案分布来加以解决的问题。在大多数调查问卷中,受访者没有提供答案的比率并不高。但是,如果有相当数量的受访者没有回答某些问题,那么研究者就要重新评估问题的措辞和目标,或者在极端的情况下,重新评估是否应该询问这个问题。

4.预调查所收集的数据还可用来分析问题之间的关系。尽管预调查数据受到样本大小和代表性的限制,但是它却可以用来查找冗语和不一致。如果有几个调查问题都在测量同一个事物,那么用列表表示答案或做相关分析就可以获得更多的信息。如果分析结果显示这些答案呈高度相关,那么就可以去掉其中的一个问题而不丢失任何信息。另外,如果有些被视为测量了同一个事物的问题没有呈高度相关,或者如果答案很不一致,那么这就表明,这些问题测量了不同的事物。这一信息可能会导致研究者重写 1 ~ 2 个问题,重新思考被测对象被概念化的方式,或者可能要去掉其中的 1 ~ 2 个问题。

预调查的特殊用途是,提供有关叙述性(或者开放式)问题答案的信息。近年来,受访者用自己的话来回答的问题明显减少了。开放式答案可能很难编码,它们给电脑辅助访谈提出了特别的问题,而且答案经常是五花八门,因而分析起来很复杂。尽管如此,研究者仍然会在调查中询问一些开放式问题,而且研究预调查所获得的答案可以帮助研究者来评估这些问题。

可以有两种不同的方式来使用与叙述性回答有关的预调查。第一,研究者通过研究所获得的答案可以发现某些所问问题的缺陷。本书经常讨论的一个相当常见的问题是,无法适当说明符合问题目标的答案类型。研究一下预调查问题的答案可以让研究者知道,他们是否需要进一步向受访者明确说明他们想要获得的答案类型及其详细程度。

第二,由于研究者认为有一系列似是而非的答案,或者他们并不知道所有人们可能提供的答案,因此研究者经常要询问一些用叙述形式来回答的问题。对开放式问题的预调查可以获得有关人们可能提供答案范围的信息。根据预调查,研究者可以得出结论:少数几个答案就可以涵盖大多数人所要表达的内容。因此,可以把开放式问题转化为有固定回答选项的问题。

对答案分布的分析表明,研究者在预调查时就要为数据输入和编码过程作准备。这需要一些额外的付出。然而,如果预调查问卷即将完成,那么为编码和输入预调查答案所做的准备性工作通常就不会付诸东流。大部分有关输入最终调查数据的工作是无论如何必须要完成的。因此,对于许多或大多数调查来说,创建一份预调查访谈答案的数据文件只需要最低限度的额外费用。

预调查样本近似调查人口的程度以及所做的预调查访谈的次数决定了从预调查答案列表中获得信息的价值。但是,对研究者来说,上述这种信息对问题的最终评估可能是相当有用的。对获取有关问题测量特性可能有用的信息来说,列表分析上述问题的答案是一个相对低廉的方法。

结　论

在正式调查之前,一份有关调查问卷设计的合理协议包括了上文所概括的所有步骤:焦点小组讨论、深度实验访谈、带有行为编码和访员评估表的田野预调查、列表显示预调查访谈数据。此外,理想的情况是,至少做两次田野预调查,第二次田野预调查要务必解决第一次田野调查所发现的问题。

有关这类问题评估的争论通常集中在时间和资金上。如果问题设计过程带有焦点小组讨论和认知访谈,那么它所需要的时间肯定要比没有这两个步骤来得要长。当然,焦点小组和认知访谈也可以在几周内完成。

问题测试所需要的时间,更多涉及在发现缺陷以后设计新的、更好问题所需要的时间,而较少涉及收集问题信息所需要的时间。经验显示,对几乎所有的调查来说,每个步骤所获得的信息能使研究者设计出更好的问题。当研究者发现问题缺陷时,有时修补它们需要时间和精力。一旦研究者认为修补了缺陷,就要安排新的评估步骤来确保这些解决方案是适当的。但是,比起确保所询问的调查问题是对研究者想要研究东西的合理测量,很难想象还有什么更好的办法来做研究项目了。

关于开支,上述步骤的一个真正优点是,这些步骤在大多数调查预算中算是相当低廉的。假设某项调查预算包括了某种预调查,上述这些步骤只占总费用的很小比例。

有时在调查前提出的反对问题评估程序的理由是,研究者可能不想修改问题。许多调查研究者使用了一些调查问题,这些调查问题能够使他们把所获得的数据与早先其他人口调查或其他调查的结果进行比较。

一个合理的担忧是:如果修改了问题,就有可能危及或错失对结果的比较。同时,如果某个问题是一个糟糕的测量,如果这些答案未能有效地反映研究者想要测量的东西,那么就大大降低了复制和比较的价值。即使从人们如何理解、访员如何使用、人们如何回答的角度来看,某个问题被证明有严重的缺陷,但是研究者可能还是决定保留这个问题。研究者可能会认为,"可比性的目标"比"测量问题的局限"来得更重要。尽管如此,似乎可能的是,研究者想用这样的方式来评估问题的质量:有关保留或修改某个问题的决定可能是以最佳信息为基础的。

一个相关的担忧是,这些问题评估步骤结果的标准并不明确。例如,人们建议在预调查访谈中,如果有15%的问题引起受访者要求澄清,那么这些问题就应被标识为缺陷。从经验上来讲,人们发现,那些经常产生那种行为的问题通常有一个可识别的缺陷。尽管如此,15%肯定是一个武断的标准。如果无法达到100%的标准化理解,那么在研究者确定某个问题是缺陷之前,到底有多少百分比的受访者可能严重地误解了这个问题?

这些问题不容易回答,而且脱离了研究目标的语境,它们可能就无法回答。对某些问题的误解比其他一些误解对数据价值的威胁更大。随着研究者越来越熟悉这些评估技术,随着他们能够更好地量化认知访谈和访员评价的结果,一些更清楚明确的标准似乎有可能应运而生。

最后,应该重申的是,本章所描述的评估技术侧重于数据收集过程：访员如何使用问题，以及受访者如何理解和回答问题。用本章评估策略所发现的缺陷会产生调查数据误差，这一点很容易证明并已得到了证明（例如，Fowler, 1992；Fowler and Mangione, 1990；Mangione et al., 1992）。尽管如此，可以一致地理解问题、回答问题、用标准化的方式来管理问题，这一事实并不一定意味着答案是对研究者所设法测量的东西准确和有效的测量。为了评估调查问题数据的效度，还需要做进一步的工作。有关从事这些评估的策略是下一章的主题。

6

评估调查问题的效度

　　本章的主题是,如何评估问题答案是不是对研究者所设法测量东西的有效测量。在第 5 章里,问题预调查的每一步都关注数据收集的过程,即怎样管理问题、怎样理解问题以及怎样回答问题。如果数据收集完成得不好,就可能降低调查测量的效度。但是,第 5 章并没有提供对调查问题答案的误差进行统计学评估的步骤,而这正是本章的主题。

　　评估调查测量效度有以下 4 种方法:

1.研究相关的类型。
2.对同样问题不同形式的结果进行比较。
3.将调查问题的答案与其他来源的信息(例如记录)进行比较。
4.用同样的问题两次询问同样的受访者,然后比较结果;或者用同样的问题询问更多的受访者,然后比较结果(从技术上讲,这是在测量信度,不过信度低的问题其效度也低)。

研究相关的类型

　　当设计调查问题来测量主观现象时,有关测量好坏程度的证据必定多少有点间接。由于我们无法直接观察人们的主观状态,因此不得不接受基于以下前提的推论：如果我们测量了我们想要测量的东西，那么它就应该以某种可预测的方式发挥作用（Turner and Martin，1984；Ware，1987）。这种效度评估的基础被称为"结构效度"（Cronbach and Meehl，1955）。

评估效度有三个密切相关的方法，它们基本上依据同样的办法：

1.结构效度（construct validity）。
2.预测效度（predictive validity）。
3.区分效度（discriminant validity）。

结构效度：如果几个问题测量了相同或密切相关的事物，那么它们彼此之间应该是高度相关的。

预测效度：某个测量预测其他问题答案的程度，或者预测应该与之相关结果的程度。

区分效度：那些被认为有测量差异的受访者群体实际上其答案差异的程度。

假设我们以健康状况的测量为例，人们认为自己的健康状况如何。

例6.1：在0~10分的量表上，10代表健康状况最佳，0代表健康状况最差，你认为哪个数字最能代表你目前的健康状况？

假设在调查问卷中，还有一些其他有关健康状况的问题，如：

例6.2：一般而言，你如何评价你的健康状况：极好、很好、好、尚好、差？
例6.3：与其他同龄人相比，你认为你的健康是：更好、更差、差不多？

尽管每个问题的措辞不同，但是研究者们试图测量的概念可能是相同的。首个问题用0~10分来评价健康状况，是对健康状况的有效测量,其证据是它与旨在测量健康状况的其他测量的相关度。

一个明确的告诫是,效度测试并不比用来验证测量的某些问题来得高明。因此,如果两个测量健康状况的问题没有高度相关,那么这个事实本身并没有告诉我们哪个问题是对健康状况的糟糕测量。某个问题、另一个问题或两个问题都可能是造成这个结果的糟糕测量。但是,如果有几个健康状况的测量或密切相关的概念,都用来测试某个问题的答案,那么研究者就可以从某个问题与其他问题的相关类型,来确定该问题的可能效度。

此外,研究者可以继续查看预测效度。例如,我们可以假设,糟糕的健康状况导致了使用医疗服务。因此,在通常情况下,我们认为那些给自己健康打分低的人,更常去看病、更有可能住院、可能因病请假更多天。如果我们掌握了有关这些事实的信息,那么我们就可以知道,如何从某个特定时间的健康状况来预测未来医疗保健的使用情况或误工天数。

用这样的测试,我们预计这个相关要低于上文所说的相关。那些自认为身体健康的人也会在某种程度上使用医疗服务,有些导致使用医疗保健或住院的健康状况是急性的,不会对人们有关健康状况的看法产生持久的影响。尽管如此,如果健康状况的测量与医疗服务的使用之间不存在正向、显著的关系,大多数研究者就会感到失望。还有,两者之间不存在正向关系,可能不是因为测量欠佳,就是因为理论有误(健康状况是使用医疗服务的一个差劲的预测因素)。

最后,举例说一下区分效度的测试。一般而言,被明确诊断有健康问题的人给自己的健康状况的打分要低于健康者。因此,研究者可以确认一组患有心脏病、中风和糖尿病的人,然后比较有病者与无病者健康状况评价的分布。还有,从理论上讲,那些知道自己有严重健康问题的人,实际上给自己健康状况的打分要低于健康者。如果测试的结果并非如此,那么就要质疑问题的答案是否测量了研究者试图测量的东西。

为了评估主观测量的效度,像这样的研究应该例行去做。实际上,当从事大规模的调查时,都有可能做上述这些评估研究。调查研究者在评估问题过程中的一项职责是,做些分析来描述主要主观问题答案所具有的可预测关系的程度。

用记录来验证

核查个人记录

　　从理论上讲,对事实信息报告的验证应该比主观状态更容易一些,但实际上做起来并不太容易。首先,人们做调查的主要理由是,收集从其他来源不易获得的信息。尤其是,人们往往无法做截面样本(cross-sectional sample)的调查,然后再回到记录源来评估报告的准确性。

　　大部分对事实数据报告效度的评估研究,都带有特殊目的,专门用来评估调查数据的效度。坎内尔及其同事就做过这样的研究。他们从出院记录中抽取病人,然后再派访员到已知病人的寓所进行标准化的健康访谈。通过对调查报告与住院记录的比较来评估住院事件报告的质量(Cannell, Fisher, & Bakker, 1965; Cannell & Fowler, 1965)。登森等研究者(Densen, Shapiro, and Balamuth, 1963; Locander, Sudman, and Bradburn, 1976; Loftus, Smith, Klinger, and Fiedler, 1991; Madow, 1976)也用类似的设计进行了研究。

　　在并行设计中,研究者从警察记录中抽取样本,来评估有关犯罪受害者的调查报告。他们对已知受害者所在的家庭进行抽样,然后派访员入户进行标准化的犯罪调查,最后将调查报告与警方记录结果进行比较来评估罪案报告的准确性(Lehnen and Skogan, 1981)。

　　核查记录研究是了解人们如何报告某些事件以及不实报告事件特征的最好办法。例如,坎内尔、马奎斯、劳伦特(Cannell, Marquis, and Laurent, 1977)对住院报告进行了研究,它们发现人们可能"不报(unreported)"访谈前10多个月发生的住院事件。他们也了解到,人们"漏报(underreporting)"了某些很短暂的住院事件。

研究者从犯罪调查中发现,受访者不太善于报告其他家庭成员所想到的、愈 1 年的个人犯罪(与家庭犯罪相比)。

这些研究很有价值,但是从这些研究中所能学到的东西也是微不足道。最大的局限是,这些设计只能用来发现某些错误。如果从住院者或犯罪受害者等公认有经验者中抽取样本,那么这些设计就能有效地发现"漏报",即没有报告实际所发生的事件。这些设计也能检测所报告事件细节的准确性,如住院长短或病人住院治疗的健康状况。但是,这些设计却无法检测"过度报告(overreporting)",即所报告的某个时期发生的事件其实并不存在(Marquis,1978)。最后,这些记录当然也是不完备的,含有误差。因此,基于记录核查的调查误差评估本身就是有误差的。

此外,能用这些设计来检验的报告可能并不都是研究者感兴趣的事件。例如,在全国犯罪调查中(The National Crime Survey),研究者有意评估人们遭受侵害的比率。他们要求受访者报告去年遭受偷盗、抢劫、偷车等经历。由于偷车涉及保险理赔,因此大多数偷车案会报警。但是只有少数抢劫案和偷盗未遂案报警。如果记录核查研究以报警事件样本为依据,那么这些事件就不能完全代表所有的犯罪案件。报警案件很可能涉及重大损失,或者这些案件出于其他种种原因影响较大。如果只以报警案件为依据来进行记录核查研究,那么对那些无法进入警方记录的类似事件来说,就可能高估报告的准确度。因此,这些研究的第二个局限是,记录核查所能验证的事件实际上代表了研究者感兴趣的东西(Lehnen and Skogan,1981)。

这些研究的第三个局限是,许多让受访者报告的最有趣和最重要的事情其实无法得到验证。例如,许多调查打算测量饮酒或吸毒,但是人们很难设计一种研究对这些行为进行单独测量。有些研究者进行了尝试,服用大麻可以从尿液中检验出来,吸烟可以从唾液和血液中检测出来(例如,Abrams,Follick,Biener,Carey,and Hitti,1987;Benowitz,1983)。但是,调查研究者在调查中所需要的检验却明显少得可怜。研究者想要知道受访者在比一晚或几天还多得多的时间里饮酒或吸食大麻的情况。这些接受检测的受访者样本以及他们接受访谈的情境可能非常特殊,算不上很有代表性的典型调查。

继续从事用可靠的外来数据来评估事实报告质量的研究是相当重要的。这些研究是第 2 章所讨论的(有关调查测量误差的性质和减少调查误差方法)许多重要概括的基础。例如,拉坎特、苏德曼、布雷本(Locander,Sudman,and Bradburn,1976)所做的记录核查研究是"报告敏感资料"中一项最重要的研究。他们从破产和酒后驾车被拘等事件的公共记录中抽取样本。然后再用自填式问卷、电话访谈和第 2 章所描述的"随机回答方法"等各种收集数据方法来随机处理这些样本。尽管经历某个事件的受访者样本并不具有代表性,但是这些人都报告说有过破产和酒后驾驶被拘的经历。因此,对评估各种"收集敏感问题数据"方法的相对价值来说,这是一个优秀的设计。

尽管如此,这些研究也有不足。由于实际上能够拿来核查的东西只有这么多,因此我们还要用其他的方法来评估数据的质量。

总的比较(aggregate comparisons)

在某些情况下,通过将调查结果与某些相同人群的其他独立总体估计值做比较来评估调查数据的质量也是可能的。例如,在"全国卫生访谈调查(National Health Interview Survey)"中,研究者可以把一年内住院次数的调查估计值与整个医院数据库中的住院数进行比较(Cannell,Fisher,and Bakker,1965)。用同样的方法,可以通过评估调查数据的酒消费总量与酒厂有关酒销售量的酒消费总量来评估有关饮酒数据的质量。也可以通过将赌马下注额的调查数据与赛马行业估计值做比较来评估有关赌马数据的质量(Kallick-Kaufmann,1979)。

还有,用这些方法来评估的问题也是有局限的。许多我们想要了解的行为并没有良好的记录。通常很难从调查和记录中获得完全可比较的估计值。缺乏一致性的两种估计值不一定就反映了调查报告的质量。

例如,可以将已有的关于医疗保健质量的"记录为本数据来源

（record-based sources of data）"与"调查为本估计值（survey-based estimates）"进行比较。但是，住户调查可能会漏掉养老院老人所获得的医疗保健，而且，在某个时间节点上所收集的数据样本肯定会漏掉所有在前一年就已逝世的人。因此，当汇总全年估计值时，访谈数据就没有包括所有已逝者所使用的住院和医疗保健。由于垂死者消耗了相当多的医疗保健，因此这两个样本缺乏可比性就会对最终估计值产生很大的影响。

相比之下，所有赌马者其实都住在家里。住在养老院的老人或垂死者显然不是经常下注者，反之亦然。因此，人口调查能很好地覆盖赌马下注者，事实证明，合法赌马下注的"调查为本估计值"实际上与合法赌马下注额几乎完全相同（Kallick-Kaufmann，1979）。

显然，当把"调查为本估计值"与其他来源的估计值进行比较时，需要弄清人口覆盖以及两个来源准确性的问题。例如，用医疗记录来评估健康状况调查报告的质量，结果一致地显示，它们并不太吻合。但是，当对这些结果进行分析时，作为健康状况测量的医疗记录明显有许多问题，就像调查有许多问题一样（Cannell，Marquis，and Laurent，1977；Jabine，1987；Madow，1967）。调查报告受损，是因为病人不知道自己健康状况的名称。而且，家庭受访者会用各种方式来掩饰自己已有的健康状况。另一方面，医生在病历中所记录的健康状况也不一致。此外，病人还有许多医生恰好未问到的健康状况。因此，对某些健康状况来说，医疗记录可能是比调查访谈更好的信息来源，而对耳鸣、皮疹、痔疮和关节痛等其他健康状况来说，病人访谈肯定是比医生记录更好的信息来源。

比较替代问题的形式

评估作为测量工具的调查问题的一个重要方法是，用两种不同的形式来询问本质上相同的问题，然后再比较这些结果。

当测量主观现象时，答案并没有对错之分。但是，通过用替代形式的问题来询问对照样本，研究者就能够发现哪些问题特征影响了他们所得到的答案。

拉辛斯基(Rasinki, 1989)报告了用这种设计所做的一系列测试。

例 6.4a:你认为我们应该如何为那些买不起所需物品的低收入者提供更多的帮助?

例 6.4b:你认为我们应该如何为那些接受福利救济的人提供更多的帮助?

虽然有人可能会简单地认为,接受福利救济的人就是买不起所需物品的人,但事实证明,它们根本不是同样的问题。当用这两个问题来询问对照样本时,用"福利"一词比不用"福利"一词积极的情绪要少得多。通过询问这些相关问题,拉辛斯基证明,含有"福利"一词的问题可能混淆了两个不可分开的议题:人们如何看待救济缺钱者的行为,以及人们如何看待救济接受福利救济者的行为。

舒曼和普雷瑟(Schuman and Presser, 1981)用这个设计来研究某些问题的特征。例如,他们了解到,当明确给人们提供"不知道"选项时,受访者选择该答案的可能性比不提供"不知道"选项时要大得多,而且受访者一定要坚持使用这个答案。

舒曼和普雷瑟做了许多关于询问只是稍微改变措辞的相似问题的实验。这些研究使他们能够辨别一些改变题意的词语或术语,如上文的福利例子,以及题意不变的其他例子。例如,虽然有人可能事先想到"堕胎"是一个更富有含蓄意义的词,但是在观点问题中,"用手术终止怀孕"原来等同于"堕胎"。

研究者也用这些设计来分析"次序效应(order effect)"。有时有些问题会影响后续问题的含义,但在其他情况下则不然。另外,不同题序的"分卷式设计(split design)"已被用来评估前置性问题影响刺激因素即某个特定问题真实含义的程度。

"两个问题是否相同"是有关主观现象测量的研究所要解决的基本问题。如果答案的分布不同,那么问题就构成了不同的刺激。当然,由于它们呈高度相关,它们事实上可能是同样有效的测量。但是,如果缺乏可比性,就意味着它们是不可互换的。

当询问测量客观状态或事件的问题时,答案有对错之分。如果两个形式相似的问题没有得出同样的结果,就明确表示至少一个问题的测量有误差。

当询问有关事实形式相似的问题时,研究者最希望有某种根据来决定哪些答案是最好的。如果有办法将调查报告与可靠数据来源进行核对,那么就有可能做直接评估。但是,在通常情况下,这样的验证核查是无法做到的,有时会有某些根据来决定哪个分布可能是最好的。例如,坎内尔及其同事在研究有关看医生、慢性病和住院治疗的报告时,经常发现"报告不足"是最突出的问题。因此,坎内尔在对多个不同数据收集程序和问题设计的研究中,使用了这样的标准:健康事件报告得越多,问题可能就越好,即它们可能包含的误差就越少(Cannell, Groves, Magilavy, Mathiowetz, and Miller, 1987;Cannell, Marquis, and Laurent, 1977;Cannel, Miller, and Oksenberg, 1981)。

在一项关于健康的研究中,预调查显示,某个体育锻炼问题出现了"报告不足",因为有些受访者,尽管不是全部,从他们的答案中排除了"散步"锻炼。研究者设计了一个替代问题,明确告诉受访者他们可以包括"散步"。当重新进行测试时,人们发现,用新的问题报告说自己锻炼的人的比例明显增加了。根据对第一个问题的缺陷以及我们设计第二个问题方式的诊断,证据清楚地表明,第二个问题似乎能产生更有效的数据。

在缺乏确凿数据的情况下,小心地解释"差异"的含义始终是重要的。"更多"并不总是意味着"更好"。安德森、西尔弗、艾布拉姆森(Anderson, Silver, and Abramson, 1988)的研究就是一个很好的例子。安德森没有评估问题的措辞,而是评估访员对数据的影响。然而,这里的原则是相关的。她在一项政治调查中发现,黑人受访者明显更有可能向黑人访员而不是白人访员报告,他们在上一次选举中投了票。

在缺乏其他信息的情况下,有人可能会得出结论:黑人访员得到的报告会更好。但是,人们发现,当用公共记录来核查选举行为时,所报告的较高投票率不过是"过度报告",而向白人访员的报告其实来得更准确。当两种评估不一致时,如果不对数据的质量进行可靠的直接核查,就推论说哪个评估更好,这总是危险的。如果单凭获得的不同结果,就下结论说某个问题是比另一个问题更好的测量,这最多也不过是暂时性的结论。

用一致性作为效度指标

不同时间节点上的答案一致性通常被看作是对信度的测量。然而,效度受到信度的影响,如果答案不一致,就一定意味着缺乏效度(请注意,反之非然,一致的答案并不意味着一定是有效的答案;Nunnally,1978)。

测量调查答案的一致性有两种主要的方法:

1.可以用同样的问题两次询问同一个受访者。
2.可以用同样的问题询问两个受访者。

很显然,如果我们确信所描述的现实是相同的,那么不一致性就只能被视为无效报告的征兆。

例6.5a:在一次访谈中,访员询问受访者有关健康保险状况的问题。一周以后再次进行访谈,再次询问受访者有关健康保险的问题。健康保险通常不会在一周内有什么变化。答案不一致就是一个或两个答案含有误差的有力证据。事实上,这是对误差的保守(低)估计,因为有许多外力(包括对最初答案的回忆)促使受访者重复首次访谈所给出的答案。
例6.5b:对同一个家庭的两名成员进行访谈。访谈包括家庭规模、家庭总收入和家庭成员健康保险等一系列常见的家庭特征问题。这些答案的不一致就是一位或两位受访者报告含有误差的证据。

为了评估代理人报告（proxy reporting）的质量，研究者做了其他类似的研究。在这些研究中，当人们的自我报告与别人关于自己的报告有出入时，自我报告通常（但并非总是）被看成是最好的（Berk，Horgan，and Meysers，1982；Clarridge and Massagli，1989；Groves，1989；Hauser and Massagli，1983）。

一致性显然是获取有关效度信息的重要方法，而且能够比较容易地获取有关一致性的信息。对测量数据质量来说，再访谈（reinterview）是一个特别简单、尚未得到充分使用的策略。虽然对结果的解释有时是有问题的，但是这样的研究在所有评估问题答案效度的项目中仍占有一席之地。

结　论

读者无疑会有这样的感觉，评估问题的效度绝非易事。这是一个正确的结论。实际上，本章所讨论的每一种评估问题效度的方法，不是在评估问题的类型上有局限性，就是在有关效度结论的推广上有局限性。尽管如此，重要的是，研究者在任何时候只要有可能，就要继续评估调查报告的质量。尽管这些验证工作的结果还不理想，但是它们提供了有关调查数据质量有决定性的证据，它们会激励研究者进一步改进测量。它们也提醒调查数据的使用者，既要适当地使用调查测量，又要注意调查测量可能带来的局限性。

相关研究着眼于重要变量的关系类型，几乎总能在调查分析的情境中使用。这样的评估分析应该成为所有调查项目的例行工作。此外，本章所描述的特殊目的评估也可以在许多调查项目中加以使用。相似问题设计、有选择地将调查与现有记录进行核对、在总体上评估它们是否可能，这些都有助于弄清评估究竟是什么。有时结果会模糊不清，但是它们几乎总是在激励人们去学习和理解，而这些都是重要的目标。

7

问题设计和评估：回顾与结论

调查数据的质量取决于收集数据样本的数量和代表性、所使用的收集数据的技术、访谈的质量、是否使用访员，以及问题测量的优劣。方法论学者有个概念叫做"整体调查设计（total survey design）"（Groves，1989；Horvitz and Lessler，1978）。他们用这个概念强调，在确定调查设计时，要有着眼于所有误差来源，而不只是顾及单一来源的视域。调查数据的质量不会比最糟的方法论好到哪里去。

苏德曼和布拉德伯恩（Sudman and Bradburn，1974）在检查调查误差的来源时得出结论：调查评估误差的主要来源可能是调查问题设计本身。福勒和曼吉温（Fowler and Mangione，1990）在寻求减少访员对数据影响的策略时也得出结论：问题设计是尽量减少访员对数据影响的一个最重要的途径。此外，虽然调查设计经常涉及某些重要的权衡（trade-offs），但是改进调查问题的设计和评估仍是调查过程中花费最小的环节。与大幅度增加样本数或显著提高回复率所要付出的辛劳相比，改进调查问题是非常有成本效益的。因此，从"整体调查设计"的视角看，在问题设计和评估上投资是最合算的交易，也是最有可能获得更好、更多无误差数据的一种尝试。

本书涵盖了许多影响测量问题质量或大或小的问题。在最后一章里，我们试图概括出某些要点，为所要解决的最重要问题提供视角。

有关事实的问题

几乎可以肯定地说,测量事实和客观事件问题的最大缺陷是,无法从问题目标过渡到一组人们能够回答的问题。不少问题往往是对问题目标的简单重复。

有些基本原则是不言而喻的:

1.询问人们能够回答的问题。
2.确保所有关键术语和概念得到明确的界定,好让人们知道他们正在回答的问题以及所有人都在回答相同的问题。
3.提供某个语境,让人们明白,准确地回答问题最符合他们自己的利益。

关于访员管理的调查,还有一点需要说明。必须注意这样的事实:调查问卷也是一个互动的协议。留意问题顺序以及前面问题的答案影响后续"问与答"过程的方式,可能是提高数据收集标准化水平并使访谈成为积极的数据收集经历的一个重要方面。

测量主观状态

像测量客观现象一样,设计者们测量主观状态所面临的主要问题是界定目标。明确交代"要测量什么"是消除许多问题设计缺陷的一个关键。常用这样的形式来详细说明测量目标:把受访者放在某个连续量表上,或者把受访者对其他事情的看法放在某个连续量表上。

一旦明确说明目标,就有主观问题的三个主要标准:

1.问题术语要明确,好让每个受访者都在回答相同的问题。

2.回答任务对问题而言是适当的,大多数人完成起来相对
　容易。
3.设计一些回答选项,好让事实上答案各异的受访者能分布在
　不同的回答选项上。

　　除了这些基本原则外,问题答案要尽可能为所有的受访者而
非部分受访者提供测量才是有价值的。为了识别潜在偶然性问题
并使之成为有意义的问题,对这些问题的仔细检查和预调查很重
要,可以大大提高调查测量的质量和效率。在传统的人格测试中,
当测试者可以纳入相当多的问题时,纳入某些能获得有关一小部
分受访者有用信息的项目,可能是有价值的。然而,在一般调查
中,受访者的负担是主要关注的事情。虽然多项目测量可以明显
改善测量过程,尤其是主观现象的测量过程,但是调查者也有责任
尽可能减轻受访者的负担,尽可能有效地将受访者置于连续量表
上。如果一小部分项目是精心挑选出来的,那么实际上总是可以
用这些项目来再生产20~30个项目量表的答案所包含的信息。在
这方面,挑选能提供有关每位受访者最多信息的项目,是继续进行
这种测量的一种有效的、合乎道德的方式。
　　最后,从简化任务的观点以及每个问题提供的信息量来看,让
受访者将被评价项目、自己或别人放在量表上,而不用"同意-不同
意"形式,几乎总是会提供更好的测量。

测试问题

　　焦点小组、小组讨论、认知访谈和田野预调查都有对访员和受
访者行为的编码,应该成为设计调查问卷的一个标准组成部分。
　　评估调查问题三个最重要的前提是:

1.需要一致地理解任务。
2.需要提出受访者能够完成的任务。

3.当涉及访员时,问题要构成标准化访谈的一个适当协议。

这些目标显然是重要的,但是令人难以置信的是,所有调查问题都不符合这些标准。不管怎样,它们确实不符合这些标准。有人从政府和学界的调查问卷中抽取了 60 个问题进行研究,发现大多数问题不符合一项或多项这些基本标准(Oksenberg,Cannel,and Kalton,1991)。平均来说,约三分之一调查问题的结果明显地受到访员的影响(Groves,1989)。有确凿的证据表明,那些需要访员追问和澄清的问题最有可能受到访员的影响(Mangione,Fowler,and Louis,1992)。

认知访谈和行为编码田野预调查提供了有关问题缺陷可靠和可复制的信息。如果能纠正这些查明的缺陷,就能得到更好的数据(例如,Fowler,1992;Oksenberg et al.,1991;Royston,1989)。

完善这些程序,制定出更好和更明确的问题缺陷标准,对"如何用这些程序来纠正查明的缺陷"做出更好的概括,仍有许多工作要做。然而,学生和研究者面临的一个重要现实是:用某些简单和非正式的测试就可以查明许多最糟糕的问题缺陷。尝试用这些问题来询问朋友、父母或孩子,让他们回答测试问题,然后用叙述方式来描述他们是如何理解问题并如何得出答案的。虽然严格、常规的测试是调查科学进步所必需的,但是,只要研究者采取措施对人们如何能够一致地理解问题和回答问题进行严格地评估,就会产生更好的问题和测量。

评估问题的效度

在 1970 年前后,鲁宾逊及其同事(Robinson,Rusk,and Head,1968;Robinson and Shaver,1973)发表了有关社会心理状态和政治态度等常见调查测量的批判性评估。这些书令人汗颜地证明:很少有人注意去评估一些作为测量的常用问题有多大的功效。

20 年后,研究有了进展。鲁宾逊、谢弗、赖茨曼(Robinson,

Shaver，and Wrightsman，1991)的近作论述了与早期著作相似的问题,他们找出了许多经过仔细评估、更标准的测量。麦克道尔和纽维尔(McDowell and Newell,1987)评述了有关健康状况和生活质量的常用测量,再次发现在已经完成的,特别是最近研制的测量研究中,出现了某些令人鼓舞的趋势。斯图尔特和韦尔(Stewart and Ware,1992)的近作也提出了系统地研制有关重要健康概念测量的标准。

越来越多的研究者提出,尤其在使用量表和指标时,验证研究必不可少。有时,测量的"有效性(validated)"似乎被看成某种"神赐"的绝对状态。效度是测量与被测之间的一致程度。有些测量能完全适合某个目的,但未必适合其他目的。例如,有些测量适用于评估群体平均数和群体效应,但用在个体层面上就不太适合(Ware,1987)。有关某一人群的效度研究不能推论到其他人群上。库尔卡等人(Kulka et al.,1989)报告了一组用来测量精神痛苦的项目,很好地区别对待了精神病人群和普通人群。但是,当同样这些项目用于普通人群样本时,它们在个体层面上与心理问题的独立临床评估相关度很低。

这里的挑战有两个方面。第一,我们需要在日常工作中继续鼓励研究者从不同的视角来评估测量程序的效度。第二,我们特别需要为"特殊分析目的的效度意味着什么"制订明确的标准。

结　论

再回到"整体调查设计"这个议题上来,无论样本有多大、多么有代表性,无论收集数据的花费有多大,回收率是多少,最终调查数据的质量不会比所询问的问题好到哪里去。1951 年佩恩(Payne,1951)出版了他划时代的著作《提问的艺术》(*The Art of Asking Questions*)。我们现在知道,我们可以做得比他更好。虽然我们当然希望好的问题设计原则会在数量和特征上与时俱进,但是,本书所概括的原则为撰写好的问题提供了一个好的、系统的核心指导原则。此外,虽然评估程序也会与时俱进,但是,认知测试、好的田野预调查和适当的效度分析都提供了一些科学的、可复制的和量化的标准,可以用这些标准来检测问题设计工作的好坏。总之,在这一点上,没有任何理由把问题设计看作是一门艺术,相反,应该把它看作是一门科学。

然而不幸的是,研究者长期以来随意设计不符合适当标准的问题。在过去的 50 年里,我们积累了大量有关社会科学和医学的文献,其中就有不少很糟糕的问题。为了追踪变化或将新的结果与旧的研究结果进行比较,保留过去曾用过的某些问题无可厚非。然而,反复使用糟糕的测量,无论其传统多么丰厚,科学事业都会遭受不幸。从长远来看,使用经过仔细、系统的评估并符合本书所述标准的调查问题,最符合科学的真谛。为了让研究者经常使用某些预调查和问题评估的程序以确保他们的问题是适当的,这还有许多工作要做。这个程序正逐渐为更多的人使用,希望本书对进一步发展和改进问题设计和评估过程作出自己的贡献。

附　录

附录 A　常见测量的维度

在本节中,我们将对询问有关主客观现象测量问题的一些常见方法进行严格地评估。

1.测量次数。
2.测量数量。
3.测量感觉。
4.回答评估问题。
5.测量满意度。
6.评价同意的程度。
7.测量优先性。
8.处理回答说"不知道"的人。

显然,最好的问题取决于研究的语境以及研究者尝试做的事情。一个有用的步骤是,看一看其他研究者是如何测量这些维度或如何解决这些问题的。这始终是一个好的做法。然而,附录 A 和附录 B 的目标是帮助读者去思考各种可供使用的替代问题并从中作出选择。

测量次数

毫无疑问,询问有关人们做事次数的问题是调查研究中最常见的任务之一。受访者会被问到自己喝酒、吸食大麻、去银行、吃肉、看病和性行为的次数。

看一看下面一组的回答类别:

> 每天好几次
>
> 几乎每天一次
>
> 每周好几次
>
> 大约每周一次
>
> 每月两三次
>
> 大约每月一次
>
> 每月不到一次
>
> 每年好几次
>
> 每年一次或不到一次

这个量表的回答类别涵盖了一个广阔的连续量表。量表中的哪个类别是适当的,当然取决于所问的问题。对于人们可能经常做的事情,如吃或喝一般食物,就可能使用量表中次数多的那一端类别,而量表另一端则可能适合于看戏或看电影等娱乐性活动。

针对这个回答任务的问题有一个根本缺陷:对某种规律性的预设。虽然有些行为是有规律性的,但是无规律可能更为常见。而且,即使有些人从事有规律的活动,例如上教堂或喝酒,但另一些人的行为模式却更加飘忽不定。

一般而言,如果让人们估算一下在一个适当的时期内他们实际做事的次数,那么对次数的测量就会做得更好。一段时间会因测量行为的不同而有所不同。

例 A.1:在过去的 14 天里,请问你喝葡萄酒、喝啤酒或者喝白酒分别有多少天?

例 A.2：在过去的 30 天里,请问你有多少天体育锻炼至少有 20 分钟?

例 A.3：在过去的 12 个月里,请问你有几次因病住院一天或更长时间?

对一周或两周等短时间跨度问题的最主要批评是：这段时间可能没有代表性。因此,如果过去两周没有典型性,那么就不能把受访者完全描述成豪饮者或小酌者。另一方面,让人们报告行为的次数,即使它们必须要加以估计,也解决了试图将某种规律或模式强加于人们行为的问题。

另一种测量次数的方法如下:

很经常	经常
相当经常	有时
偶尔	很少
很少	从不
从不	

与数字回答量表相比,上面的回答量表更难以解释。让受访者报告一段时间次数的最大好处是,它避免了什么才算是"经常"的不同定义问题。受访者对什么才算是"经常"有不同的看法,他们可能是因为不同的看法,而不是因为不同的行为才给出不同的答案。然而,如果某个被提及的问题似乎无法量化,而一般目的是把人们分成很宽泛的类别,那么上述问题就可以很好地发挥作用。

当问题包括了两个可能变化的事物时,就很难询问有关次数的问题。例如,人们想知道电影院里吃爆米花的情况,绝对次数是某人看电影次数与买爆米花次数百分比的乘积。对于这样的问题,比例类的问题可能最合适,例如:

总是	几乎总是	总是
通常	超过一半时间	通常
许久	大约一半时间	有时
有时	不到一半时间	很少
很少	很少	从不
从不	从不	

以上三个量表都是用来测量时间比例或事件比例的方法。它们也可能是对痛苦或疲劳等感觉进行量化的正确方法。询问某人感到痛苦或疲劳的时间比例,比起询问某人感到疲劳的天数,可能是一个更好的提问方式。同样,如果询问学生按时完成家庭作业的次数,那么询问比例可能是正确的提问方式。

以上几个回答任务之间的差异值得注意:

1. 人们在参加"学术倾向测试"(Scholastic Aptitude Tests,简写是SAT,美国大学入学考试,相当于中国的"高考"。——译者注)时,很少被灌输使用"总是"或"从不"的答案。对某些问题来说,"总是"或"从不"其实是研究者想要甄别的合理答案。"总是"进行生育控制与"几乎总是"进行生育控制有着重要的区别。"从不"昏倒与"很少"昏倒也有重要的区别。

2. 与其他量表相比,"超过一半时间"和"不到一半时间"等时间比例量表,可能不太受形容词解释的个体差异的影响。与纯形容词量表相比,可量化量表在不同语言的翻译上较为有利。

3. 很难界定次数量表的中间项或者中间类别,但是可以很好地界定和共同理解在正面一端的"通常"或"总是"以及在负面一端的"很少"或"从不"。"有时""许久""经常"和"频繁"等是次数连续表中较难处理的中间类别。上述量表可能较好地处理了这个问题,但是,对调查研究者来说,妥善地标识次数连续量表的中间及附近的切割点是一个持续不断的挑战。

测量数量

许多调查问题还尝试测量数量或大小。典型的例子是:"你有多大的问题?""你在何种程度上受到某事物的影响?""你有多关心?"等。标识数量连续量表有两个常见的方法:

很多/大量	大
有些	中
只有一点	小
没有	无

事实证明,人们很难用形容词把数量连续量表分成 4 个以上的类别。有人可能会在"小"和"无"之间加上"很小"。有人可能会加上"几乎没有"。然而,4~5 个形容词差不多是它所能承受的极限。

"主观数量感(subjective sense of quantity)"是一种可能成为一种数字量表的测量。

例 A.4:假想有一个 0~10 量表,8,9,10 代表了很多;0,1,2 代表了没有或有一点;3~7 代表了中等。你用哪个数字来代表你上月所经受的痛苦?

测量感觉

用由正到负的量表来评估受访者对事物的感觉,是受访者所要完成的另一个最常见的调查任务。测量感觉的常见量表是:

非常正面
大体正面
正负参半:正面与负面差不多
大体负面
非常负面

另一种方法是"从高兴到可怕"的量表：

高兴

乐意

多数满意

难说

多数不满意

不乐意

可怕

图 A-1 和图 A-2 是两个使用直观道具的方法。

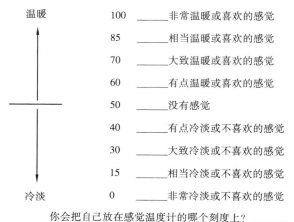

下面是几张表达不同感情的脸，脸的下方是相应的英文字母。

A   B   C   D   E   F   G

哪张脸最能代表你的感情？ _____

图 A-1 用"面部表情"来测量感觉

资料来源：Andrew and Withey，1976。经同意转载。

温暖

100 _____非常温暖或喜欢的感觉

85 _____相当温暖或喜欢的感觉

70 _____大致温暖或喜欢的感觉

60 _____有点温暖或喜欢的感觉

50 _____没有感觉

40 _____有点冷淡或不喜欢的感觉

30 _____大致冷淡或不喜欢的感觉

15 _____相当冷淡或不喜欢的感觉

冷淡 0 _____非常冷淡或不喜欢的感觉

你会把自己放在感觉温度计的哪个刻度上？ _____

图 A-2 用"感觉温度计"来测量感觉

资料来源：Andrew and Withey，1976。经同意转载。

　　许多调查使用了上面所有的方法。安德努和威西(Andrew and
Withey,1976)系统评估了对人们如何感觉进行测量的不同方式。
他们的结论是:根据量表的一般效用和其他心理测量特性,比如人
们分布得有多好以及结构效度评估的结果等,"从高兴到可怕"量
表是最好的。然而,"面部表情"量表和10点"感觉温度计"也证明
是不相上下。后两个量表的最大优点是,它们不依赖形容词。因
此,尽管"从高兴到可怕"量表的优点可能是,量表切割点用语言与
人们进行一致沟通的有效方式,但是缺点是,很难进行跨语言翻
译。"从高兴到可怕"量表用于打电话就太长了,而"面部表情"和
"感觉温度计"需要受访者亲眼看到视觉材料。当然,0~10点数字
量表,即使不用视觉材料,也可以用来测量感觉,就像它可以用来
测量数量一样。

　　最后值得注意的是,关于用数字量表测量感觉的顺序。虽然
不需要界定连续量表上的每个切割点,但是,界定感觉由正转负的
中间切割点可能是至关重要的。这可以用形容词来完成,就像上
面"感觉温度计"所做的那样。另一个做法是,给人们提供一个数
字量表,用-5~+5的数字来评估其感觉,数字0显然是感觉由正转
负的中间切割点。

询问评估性问题

　　上文所述的感觉问题旨在让人们评估自己是如何感觉事物
的。本小节的问题旨在让人们说出他们是如何评估事物的。这两
个问题可能是相关的,但是它们不尽相同。

　　最常用的评估性量表是:

　　　极好
　　　很好
　　　好
　　　尚好
　　　差

另一个几乎同样常用的评估量表是 0 ~ 10 点量表,这里 10 点是极好,0 点是极差。"从极好到差"量表很容易使用。由于人们熟悉这些词语,因此不难记住。该量表的短处是,它只有 5 个类别,而事实证明,对许多评估来说,人们往往倾向于选择量表正面一端的类别。因此,使用有更多切割点的评估量表可能是有价值的。但是,很难想出一些既有意义,又不显累赘的形容词添加在连续量表"极好"与"好"之间。因此,对许多评估任务来说,0 ~ 10 点数字量表实际上可能是一个首选解决方案。

测量满意度

测量满意度在概念上不同于测量评价,尽管它们经常被看成是高度相关的。从理论上说,满意度是人们所想与所得之间的关系。

非常满意	完全满意	完全满意
大致满意	多数满意	稍微不满意
有点不满意	难说:满意不满意参半	有点不满意
非常不满意	多数不满意	非常不满意
	完全不满意	

人们对第一个量表提出的问题是,这些形容词事实上是不对称的。然而,把满意用作标识的缺陷是,"有点满意(somewhat satisfied)"可能带有否定的意味。"大致满意"几乎可以肯定是比"有点满意"更正面的状态,如果"有点满意"是第二个类别,第一个量表可能就更对称(在认知上而不是在语言上)。

应该注意的是,没有理由说,经过连续量表上 0 点两侧的形容词必须完全相同。目标是发现能与连续量表上不同切割点一致沟通的形容词。把握满意感特征的最好做法是,在中点两侧使用略有不同的形容词。

至于是否必须要有中点,则是另外一个问题。对某些任务来说,在概念上平衡满意与不满意的想法可能是错误的。满意实际上涉及人们所得到的东西。未能达到完全满意以及没有完全得到某人想要的东西，就是不完美。举一个适当的例子：我们简单地把不满意程度标识为我们进一步远离"完全满意"。这个取向产生了上文右边一栏的回答选项。

最后，研究者应该仔细地考虑这样的可能性：受访者可能并不关心他们生活的某些方面。满意度问题应该只用来询问有关受访者有所接触的事物以及他们有某种期待的事物。例如，如果某人步行上班，那么评价他对车位的满意度可能就毫无意义。如果没有理由认为所有受访者都有对某物的期望，那么让他们作出评价可能要好于让他们报告满意度。

测量同意

完全同意	强烈同意	完全真实
大致同意	同意	有点真实
大致不同意	不同意	有点不真实
完全不同意	强烈不同意	完全不真实

第3章讨论了在单一量表上将感觉和同意的"优点"整合在一起的概念复杂性。虽然上面量表的中间形式可能是最常用的，但是，人们有充分理由来避免使用这种特殊的方法。其他两个量表都侧重于任务的认知层面，更有可能证明是令人满意的测量。

人们爱用"是（true）"或"同意（agreement）"来表述回答任务取决于这是评估性任务还是认知性任务。如果问题是关于某些偏好与某个陈述有多吻合，那么询问有关同意的问题就更有意义。如果问题是关于某些看法与某个特定陈述有多接近，那么正确的维度就是对真实性的看法。

我们应该重申一下第3章同一节所说的两个谨慎。从理论上讲，应该存在一个人们对是否同意完全模棱两可的中间点。许多研究者提供了中间类别（如尚未决定，既同意又不同意）。像这样的类别会引起某些受访者的注意，但是，让受访者做出承诺可能也没有什么伤害。此外,对那些缺乏问题评价所需信息的人来说,中间类别却成了天堂。这些人不同于模棱两可的知情者(ambivalent informed people)。应该单独用另一个过滤问题把他们甄别出来,而不应该把他们视为"同意者"与"不同意者"之间的中间类别。

测量优先性:排序与评价

研究者经常想要测量优先性,一个明显的做法是让人给某些选项排序:

> 例 A.5:以下是一组人们所关注的问题。你认为其中哪一个最重要?
> a.减少街头犯罪。
> b.减轻空气污染。
> c.为求职者提供工作岗位。
> d.为需要者提供健康保健。
> e.削减联邦政府所得税。

可以依次询问受访者最重要的、次重要的选项,等等。如果是面访调查或者自填式问卷调查,受访者就可以对这些从 1 到 5 排序。

> 例 A.6:设想一个 0~10 分量表,8,9,10 分是最优先,0,1,2 分是最不优先,而 3~7 分介于两者中间。就(每一答项)的优先性,你会给出哪个数字?

第二项任务对受访者,尤其是电话受访者来说要容易得多。根据定义,排序的任务没有给我们提供有关人们对答项有多关心的信息。从理论上说,受访者可以把评价最高的选项看成是不重要的,或把评价最低的选项看成是很重要的。评价任务的数据可以产生某些关系,所有项目都可以被评为 10 分。但是,不同受访者群体的平均数通常会产生一个排序,如果它重要的话。一般而言,多重评价任务(multiple-rating task)提供的信息较多,受访者费力较小。对大多数调查来说,它可能是一个更好的方法。

处理"不知道"回答者

由于"不知道(don't know)"回答不是一个合理答案,因此就要在调查中询问许多问题。当受访者说"不知道"时,这种回答方式往往意味着他们对某个问题想得不多,或者他们在几个回答选项中不能确定哪一个最合适。在这种情况下,研究者可能宁愿让受访者再加把劲并想出答案。

当问及受访者对公共政策、政治人物、机构等外部事物的感受、意见或评价时,人们似乎可以合理地认为,他们缺乏足够信息来作出评价或提出意见。当某人可能不必充分了解居然就合情合理地回答问题,那么,如果研究者采取明确策略过滤掉这些人,必将对研究者最有利。

有两个办法可以做到这一点。首先,在观点问题之前,可以先问一个过滤性问题。

例 A.7:下一个问题是有关《1978 年农业贸易法案》的。你是否熟悉这项法案而对此有意见?

可替代的例子 A.7a:回想《1978 年农业贸易法案》的条款,你认为你是总体上赞成这个法案,反对这个法案,还是不太熟悉这个法案,而对此有意见?

比起忽视"不知道"的可能性,这些筛选受访者的方法都有两个真正的优点。首先,它明确容忍了这样的看法:有些人可能没有充分的信息来回答问题,因而使受访者更容易承认自己的无知。更为重要的是,它确定了一个具体过程,让受访者自己决定是否有足够的了解来回答问题。如果不做明确努力来甄别那些不太熟悉某个议题而答题的人,事实证明,访员和受访者就不能以一致的方式来处理有关"受访者是否应该尝试回答问题"的不确定性(例如,

Groves, 1989)。提供一个明确的过程就可以提高测量过程的标准化。

例 A.8：下一个问题会征求你对你们镇上某些学校的意见。你是否认为你熟悉这些学校而对它们有意见吗？

比起在问题中加入"没意见(no opinion)"选项,这种明确过滤性问题的缺点是,受访者不知道会被询问什么样的一些问题。人们很容易会想到某个受访者对学校某些方面有意见,但他对上述过滤性问题的回答却是"否"(Schwartz and Hippler, 1991)。虽然有关《农业贸易法案》的一般过滤性问题事实上可能是过滤受访者的一种合理方式,但是,出于多种目的,在一组回答选项中加上"没意见"选项,可以让受访者对"他们是否能回答问题"做出更知情的判断。明确提供"不知道(don't know)"选项的缺点是:这种答案的数量会增加。这就是事先分析回答任务性质是如此重要的原因。如果询问受访者的亲身经历或感受,那么尽量减少未回答问题、"不知道"以及其他问题就是合理的。另一方面,如果询问受访者对非亲身经历事情的意见或看法,那么"不知道"回答就是一个可能有意义的答案,而不是缺失数据(missing data),而且它最好用一种明确、标准化的方式来获得。

结　论

人们在设计调查工具时,查看一下其他资深研究者是怎样设计调查问题的,总是有价值的。美国有两个主要资源:"全国民意研究中心(National Opinion Research Center)"所做的"综合社会调查(General Social Survey)",以及密歇根大学政治学协会(Political Consortium)所资助的一些调查。

此外,不管某个问题被用过多少次,或被谁用过,调查问题都需要接受评估。在调查实施前需要仔细地评估调查问题,而且还需要从最终测量效度的视角来评估这些结果(参见第 5 章和第 6 章)。

附录 B 常见协变量测量

在大多数调查中,研究者会收集有关受访者的描述性信息并列表显示答案。最常见的变量有:

1.年龄。
2.性别。
3.婚姻状况。
4.就业状况。
5.社会经济地位(教育、收入、职业)。
6.宗教偏好或身份(religious preference or affiliation)。
7.种族和民族背景。

在本附录中,我们要对有关受访者特征问题的不同问法进行讨论。再次重申一下,我们的目标不是为所有调查规定正确的问题,而是提出一些有关"如何最好地测量研究者可能想要思考的受访者特征"的问题。

年 龄

询问年龄问题最直接的方式可能是:

例 B.1:你几岁了?
例 B.1a:你多大年纪了?

评论:这些问题可能含混不清的地方是与四舍五入有关。有些人可能用最近一次生日来报告年龄。另一种常用的措辞是:

例 B.1b:你上次过生日时几岁了?

人们在报告自己的年龄时,会有相当大的四舍五入。很多年龄会往某些约数上去靠,如末尾是 5 或 10 的数。这意味着,有人喜欢用约数而不是确切数字来表示自己的年龄。这使得研究者宁愿询问一个不同的问题:

例 B.1c:你在哪一年出生?

当询问这个问题时,研究者显然要去推算一下年龄。"请问你是那一天过生日?"就是一个需要计算确切年龄的问题。

最后,有些受访者显然对自己的年龄很敏感,宁可用一般类别来回答问题。如果研究者只想从几个大类来分析受访者,那么就应该以这种方式来询问问题:

例 B.1d:你的年龄属于哪一组:30 岁以下,30~44 岁,45~64 岁,65 岁以上?

性 别

"性别"可能是调查研究中最简单的问题。两个类别一目了然且相互排斥,几乎所有受访者对答案都有明确的概念。

例 B.2:你是男性还是女性?

这个问题的特殊形式避免了就男人、妇女、男孩和女孩所涉及的受访者年龄进行沟通。该问题的唯一缺陷是:当访员认为性别应该是显而易见时,却难以启齿,但事实上并非如此。在面对面的访谈中,通常借助于访员观察而不是提问来获得这方面的信息。但是,在电话访谈中,尽管访员常常认为他们知道受访者的性别,但有时却不能肯定。以上措辞像任何其他问题的措辞一样好。

婚姻状况

例 B.3：你目前是已婚、离婚、丧偶、分居还是未婚？

这是我们将要讨论的几个问题之一，它似乎很简单，但实际上提出了一些可能重要的问题。

其中一个问题是人们着手解除或结束婚姻的不同方式。有些人离婚，有些人获准合法分居，有些人只是暂时分开而已。另外，有些已婚夫妇认为自己的婚姻美满，暂时分开居住，但并不认为自己是"分居"。

"未婚"是比"单身"更好的词语，有时也用于这些问题中。对许多受访者来说，"单身"只是意味着没有结婚，显然可以用于上述几个类别中。

当然对有些研究者来说，"像已婚者一样生活（living as married）"被称为最棘手的婚姻状况。有些调查研究者通过添加这个回答选项，对以下事实做出回应：有些人生活在一起，各种行为方式与已婚夫妇相差无几，但就是没有正式结婚。在可接受的"婚姻状况"选项中加上这一类别就解决了如何把这些人归类的问题，有些受访者喜欢有一个类别似乎能准确地描绘其婚姻状况。另一方面，这一类别也提出了定义的问题。研究者有了这个类别实际上就获得了有关受访者婚姻状况的有用信息，这是值得商榷的。

这种复杂性源于这样的事实：已婚在不同的研究中有不同的含义。对有关经济福祉的研究来说，已婚意味着可能共享收入和花费。对有关儿童的研究来说，已婚父母可能意味着父母要分担儿童的保健，还要承担长期抚养儿童的责任。对社会福祉的研究来说，已婚意味着身边有一个伴侣。对艾滋病风险的研究来说，已婚意味着一夫一妻。人们并不十分清楚，选择"像已婚者一样生活"类别究竟表达了上述这些含义中的哪一种含义，如果有这样含义的话。

本小节一开始所提到的那个简单问题非常重要，因为至少半打的问题都有这样的问题。就许多研究目的而言,下面四个问题提供了所需要的全部信息,与单个概括性问题相比,它们有更好的、更可靠的形式。

　　例 B.4:你目前是已婚还是未婚?
　　例 B.4a:(如果是已婚)你和你的(配偶)目前是同居还是分居?

　　评论:就许多目的而言,这些信息已经足够了。如果再增加第 3 个问题,就能得到更精细一点的信息:

　　例 B.4b:(如果分开居住)你认为这一安排是暂时性的还是永久性的?

　　在有些情况下,这有助于更多地了解未结婚者的情况。为了复制我们可能在最初那个问题中所获得的信息,我们想询问两个主要问题。

　　例 B.5:(如果目前未婚)你结过婚吗?
　　例 B.5a:(如果结过婚)你是丧偶、合法离婚、合法分居,还是只是与你的(配偶)分开居住?

　　评论:请注意,那些说"已婚和分居的人"会与那些说"未婚但尚未合法分居的人"被归为同一类。
　　根据研究的目标,研究者可能想询问另外一些有关受访者与前任配偶之间关系的问题。此外,如果还想知道受访者的经济支持来源或有无伴侣等问题,那么就应该更直接地询问这些问题,而不应该从有关婚姻概括性问题的答案中进行推论。

就业状况

　　就业状况的情况与婚姻状况极为相似。

例 B.6：你目前是就业、待业、失业、全职照顾家庭、学生还是退休？

在 20 世纪 50 年代，这可能是一个合理的问题，但今天它却是一个非常差劲的问题。它的缺陷是违反了好的调查问题两个最重要的标准：类别既没有很好地加以界定，也不是互相排斥的。让我们从重叠类别问题说起。人们边上学、边工作是司空见惯的事情，大多数学生都有不同程度的兼职，相当多的全职人员在听课和攻读学位。

退休状况也是含糊不清的。对于许多工作特别是公安和部队的工作来说，人们可能年纪不大（远早于传统的 65 岁）就退休了。这些人常常歇不下来并从事其他工作。由于他们领取长期职业退休金，即使他们目前仍在工作，但他们退休了吗？

"什么才构成就业"也越发模糊了。一大批人现在从事有偿工作，却不被视为正式员工，他们没有福利，随时可能丢掉饭碗。如果目标是发现某人是否因工作而有收入，这样的工作当然就构成了就业。但是，如果目标是要确认人们是否与某个组织保持某种稳定的关系，那么编码就复杂得多。

再重申一下，基本问题是一次询问了约 5 个或 6 个问题。这个问题要求受访者完成一项复杂的编码任务，而不是给受访者提供一系列可以直接回答的问题，这些问题将为研究者提供编码所需要的信息。在这种情况下，研究者的任务是从分析的视角来破解并确定到底需要哪种信息，然后让受访者来提供这种信息。一组可能的系列问题如下。

通常第一个目标是，发现某人是否在从事有偿工作。问题可能就像下列问题这么简单：

例 B.7：上周你做的工作有报酬吗？

评论：即使这样的问题也可能是有瑕疵的。例如，就有这样一种人，从事服务工作但并不真正认为这是一份工作。然而，对少数人来说,这些问题才算是缺陷。那些对这种区分感到困惑的人一定会对我们最初的概括性问题更感困惑。

无疑研究者可能想要知道许多其他有关工作状况的事情。这个人有一份工作还是有两份工作?这个人的工作是全职还是兼职?这个人的薪金是年薪还是时薪?这份工作有带薪休假和医疗保险等福利吗?这个人做这份工作有多久了?这个人对能无限期地继续从事这份工作有多大的把握?

这些都是合情合理的问题。哪个问题是重要的,则取决于研究的目的。与某些选项相比,这些问题的答案无法从受访者选择"就业"这个事实中直接推论出来。如果研究者想要了解就业方面的情况,就必须多问一些问题。

如果这个人上周没有收入,我们可能想要知道其中的原委。最初问题的几个类别涉及对"无工作状况(nonworking status)"的分类。一个重要的判断是"无工作状况"是出于自愿还是非自愿。美国劳动统计局(Bureau of Labor Statistics)多年来用来界定非自愿失业的问题是:"在过去的四周里,你一直在找工作吗?"有人会说,这个问题充满了歧义。主要的歧义是:什么才构成了"找工作"?人们注意到,那些放弃找工作并对该问题回答说"没有"的人,被重新归类为自愿失业者。像以往一样,一点建议是询问一个更直接的问题。如果目标是发现失业是否出于自愿,那么为什么不询问下面的问题:

例 B.8:你说你现在没有工作,主要是因为你现在不想工作还是找不到工作?

询问有关受访者是否是学生的问题,应该是另一个系列的调查。

例 B.9:在过去 6 个月里,你是否为获得学位或文凭而选修学分课程?

这个问题的优点是,它没有预设人们受教育的模式。这个特殊问题剔除了不属于学位项目的成人教育课程和技术培训课程。很显然,人们可以询问其他有关这些活动的问题。此外,人们还可以询问某些后续问题来发现这个人在读什么学位,注册的是全脱产项目还是半脱产项目,等等。

最后,关于退休问题,这种分类的主要意义可能在于,它甄别出已决定不再做有酬工作的人。出于多种目的,全部所需要的信息不过是这样一个事实:这个人是自愿失业的。如果研究者想要知道未来工作计划,那么就需要用一个特殊问题来甄别那些暂无未来再就业计划的人。这同样也适用于那些因残疾而自认为暂时失业或永久失业的人。

社会经济地位

研究者测量社会经济地位的指标有:

1.收入。
2.教育获得(educational attainment)。
3.职业。

一般来说,人们实际上尝试测量的变量有三种不同的类型:

1.信息或知识以及可能与之相关的态度,有人认为它们往往伴随着较高的社会经济地位。
2.资源。
3.社会地位或声望。

职业(更常见的是职业地位)、收入和教育往往呈正相关。然而,对获取研究者真正想要的东西来说,每个指标都有其局限性,常常是很严重的局限性。

教育获得可能是三者之中最常用、最有解释力的测量指标。仅仅知道某人受教育年限只不过是知识、价值观和培训的粗略指标,而且,这些年来正规教育的平均年限呈逐步上升趋势,形成了年龄与教育获得之间的互动关系。尽管如此,有非常直观的事实根据来假设教育和信息之间的直接关系。此外,教育获得没有以一种扭曲教育意义的方式依赖于受访者的情境,就像收入的例子一样。

收入似乎可能是对资源或经济福祉最好、最直接的测量。然而,必须用三种复杂性来弱化这种说法:

1. 某人的资源可能不仅包括个人目前的收入,而且还包括其他家庭成员的总收入。
2. 福祉会受到财产多寡的影响。如果把年轻人福祉(通常收入之外的财产很少)与退休者福祉(可能有更多的财产)进行比较,这种复杂性尤其使人困惑。
3. 福祉不仅取决于收入,而且还取决于经济责任。如果收入相同,单身未婚人士或退休者会比负责供养四口之家的人来得快乐。

显然,如果研究者详细研究了经济福祉,他就会想要收集其他家庭成员的收入、财产和经济责任等所有与这些主题有关的信息。但是关键在于,只知道某人目前的收入,而不考虑其他因素,可能是对经济福祉或资源不太完备的测量。

职业即一个人所从事的工作类型,是了解社会经济地位更复杂、可能不太有效的办法。通常用"一家之主"的职业来测量家庭的社会地位,这一想法植根于社会学理论,最早可能要追溯到马克思,他认为人们的劳动地位决定了他或她的社会地位。在调查研究中,为了弄清目前所使用的几百种不同的职业分类,一个常见策略是把这些职业分成 8~10 个类别:专业人士、管理人员、销售人员、职员、技术工人、半熟练工人、服务工人和无技术工人(包括农场主和农场工人)。这些分类被视为大致界定了一组有序的职业类别。但是,这种分类的缺陷在于这一事实:"专业人士"类别包括了中小学教师,并把他们置于最高类别,而"服务工人"包括了家庭佣工、麦当劳工作人员、警官和消防员。后两个类别的薪酬往往高于中小学教师。

职业作为社会地位的一种测量指标,其含义会因下列事实而含糊不清:在大多数两个成人的家庭里,通常有两个人在工作,有两种职业。

分类过程本身的难度,是把职业当作受访者一般有用特征来广泛使用的最后障碍。为了对职业进行编码,至少要有三个问题:

例 B.10:你上班时干什么活?

例 B.10a:你在什么样的企业或组织里工作?

例 B.10b:你是自雇还是替别人打工?

如果想要获得这些问题的答案,就要运用复杂的编码程序。为了用一种可靠的方式实施该程序,就需要进行适当的培训和指导。

如果研究者正在对劳动力参与进行研究,掌握有关人们所从事的职业和工种的准确信息就是必不可少的。对现在或过去职业的测量,作为人们一般描述性特征,可作为协变量用于分析人们的其他答案,但是,对大多数调查来说,它可能是一个糟糕的选择。

就大多数调查而言,最广为使用的问题是:

例 B.11:你完成的最高教育程度或年限是多少?

询问收入的次数多半远远超过了实际需要,而且,就大多数会使用收入的分析目的而言,获得人们很宽泛的收入类别可能就足够了。在测量收入时,最常见、最合理的目标是评估人们的可用资源。为此,全家去年的总收入可能是最好的单一测量指标。

例 B.12:我们想对你以及与你同住家人(去年)的家庭总收入进行粗略估计。请考虑你以及与你同住家人的所有收入来源,包括工作、利息、租金等,请你估算一下全家 19 ____ 年税前总收入是多少? —— 少于 20 000 美元,20 000~39 000 美元,40 000~59 000 美元,60 000 美元或以上。

很显然,这个问题形式看似简单,但非常复杂,并不能很好地符合本书所述的标准。如果研究者确实需要确切数字,那么在受访者提供收入总额之前,个别地询问各种可能的收入来源,就会进一步完善收入报告。先询问关于受访者收入、受访者家庭成员收入、租金收入、福利金(如果适用的话)、社会保障金、养老金和利息等具体问题,然后再询问收入总额,就能详细说明收入类别的数量和复杂性,就某些目的而言,这是一项重要而有益的工作。

宗　教

例 B.13:你认为自己是新教徒、天主教徒、犹太教徒或其他教徒,还是没有任何宗教信仰?

可以用下列三种主要方式中的一种来测量人们的宗教信仰:

　　　　a.这个人成长环境中的宗教文化。
　　　　b.这个人目前的自我看法。
　　　　c.这个人与宗教组织的隶属关系。

这三个问题是相互联系的:与未成年人相比,成年人更可能会根据成长中的宗教环境来反思自身,更可能加入反映其自我看法的宗教团体。但是,三者择一也会造成某些差异。

用询问成员身份的办法来区分人们的宗教信仰,其最大的缺陷是,许多人并不属于有组织的宗教团体。宗教身份也会随生命周期而变化。与已婚生子者相比,年轻人婚前不太可能有正式的宗教关系。此外,正式的宗教身份也会因宗教团体而有所改变。特别有意义的是,有些宗教团体要求成员缴纳会员费后才能成为正式成员,而其他团体则不然。最重要的是,由于许多有宗教身份和信仰的人并不属于教会,如果用宗教身份来测量宗教信仰,那么就无法对许多人进行分类。

是应该用人们的成长环境还是用他们目前的偏好来区分宗教

信仰可能取决于收集资料的目的。询问人们成长中的宗教环境有两个优点。首先,以此为基础,可以把某些现在宣称无宗教倾向的人归于信教一类。其次,有些人认为,宗教信仰的某些重要因素在童年时就形成了。缺点是这样的分类忽略了童年到成年的变化,包括"改宗",即成年后所发生的放弃宗教信仰或发展出新的、在童年时尚未显露的宗教信念和宗教投入。

最后,本节开头的基本问题所使用的"新教徒"概念并不是一个得到普遍充分理解的概念。某些浸信会教徒或卫理公会派教徒用这种方式来辨识自己的身份,但他们并不是"新教徒"。此外,究竟哪些人属于新教徒也没有普遍一致的意见。例如,有些人认为所有非罗马天主教徒的基督教徒都是新教徒,而另一些人则有更精确的定义。尽管最初的基本问题并不完美,但它可能是最普遍使用的起始问题。由于美国各种新教教派的观点和意识形态差别很大,随后询问一个后续问题通常是个好主意:请问是否有你比较喜欢的特别宗教分支或教派?

种族和民族背景

种族和民族背景当然是不一样的,尽管它们在某种程度上是相关的。美国常见的种族分类有:

黑人
白人
亚裔(或太平洋岛民)
美洲土著印第安人(爱斯基摩人或阿留申人)

民族背景有时是指来源国(country of origin),如爱尔兰人或意大利人。然而,文化和政治制度并不总是一致的。有许多被视为西班牙裔的国家。亚美尼亚人和犹太人既是族群又是宗教群体,他们都"源"自亚美尼亚(苏联解体前曾是苏联的一部分)和以色列以外的地方。另外,国家也是变化的。1993 年东欧和非洲的政治版图远不同于 1970 年它们的政治版图。因此用来源国来识别一个人的民族或文化传统可能是难以把握的。

美国的"亚裔"种族往往被等同于"来自亚洲国家的人"。不过,黑人和非洲裔美国人并不总是相同的。

最后,语言是文化和背景的另一方面,某些研究者就是以文化和背景作为问题的根据的。

例 B.14:你是西班牙人或西班牙裔吗?

例 B.14a:(如果是),你属于哪个族群? —— 墨西哥人、墨西哥裔美国人、波多黎各人、古巴人,等等。

请注意:有些人喜欢用"本土美国人(native American)"而不用"美洲印第安人(American Indian)"。然而,在一般调查中,人们习惯上把"本土美国人"看成是在美国出生的人。因此,为了使含义更明确,有必要用"印第安人"概念。

例 B.15:请问你的种族是? —— 美国印第安人、亚洲人、黑人、白人或是其他人。

例 B.15a:(如果是亚洲人),请问你的族群是? —— 中国人、印度人、夏威夷人、越南人,等等。

美国人口普查(the United States Census)所询问的系列问题与许多政府的调查稍有不同。在这个系列问题中,文化、种族和来源国完全混淆起来且模糊不清,反映了对"什么背景特征是重要的"的普遍困惑。

辨别西班牙裔身份是政府调查的例行工作。由于没有很好地界定"何为西班牙裔",在一个实际针对来源国的问题中,需要加上"族群"问题来核实那些否认自己是西班牙裔的受访者是否来自说西班牙语地区,并将西班牙裔人归类为亚族群(subgroups)。在询问种族问题之前,询问有关西班牙裔问题是一个好主意,因为许多西班牙裔在确认自己是西班牙人之前,似乎会抗拒种族分类(Martin,DeMaio,and Campanelli,1990)。

就多种目的而言,一个有关种族的、最有效的询问成年人单一问题是:"请问你在哪个国家出生?"外国文化对非美国出生者的影响最大。在美国出生的成年人是在说英语的环境中长大的。对外国出生者来说,来源国是一个很容易回答的问题,提供了大量有关受访者的信息。这就允许研究者用任何想要的方式对某些国家进行分类,而不是要求受访者自我归类。

如果研究者对文化遗产有浓厚的兴趣,那么父母出生地可能是下一个最有用的信息。

例 B.16:请问你(母亲/父亲)是在哪个国家出生的?

当然,文化的影响会持续两代以上。数以百万计的第三代和第四代美国人把自己看成是以色列人、意大利人、希腊人和波兰人。为了弄清这一点,人们可能会问:

例 B.17:这个国家的大多数人认为自己是美国人。不过,除此之外,是否还有你自认为所属的某个特殊国籍或族群?

许多美国人丧失了"前美国身份认同感(sense of pre-American identity)",因此就会出现许多"没有答案"。很显然,这样的问题广开了身份认同的大门,因而可能产生五花八门的结果。但是,如果目标是发现受访者所知道的文化传统,而这个文化传统并没有在受访者的种族、出生国家和父母的出生国家中显现出来,那么这个问题应该能够找到答案。

附录 C　关于开放式问题

50 年前,在标准调查问卷中有一半问题是开放式问题,即受访者用自己的话来回答的问题。然而,20 世纪 90 年代,开放式问题变得越来越少。这种趋势出现的部分原因是,当受访者从一组答项中选择答案或在评估量表上作答时,可以更好地实现调查研究测量的目标。部分原因还在于,随着数据收集的日益电脑化,访员可以通过电脑数据输入来记录答案;如果通过输入一个数而不是一段叙述性文字就能记录下大多数答案,那么调查过程就会进展得更顺利。

第3章在某种程度上讨论了开放式问题。正如该章所说,如果任务是获得一组有序的答案或在某个评估量表上作答,那么开放式问题将无所事事。舒曼和普雷瑟(Schuman and Presser, 1981)发现,甚至对"什么是最重要的问题?"等开放式或封闭式回答策略都管用的问题来说,让人们在一组答案中进行选择,会比开放式问题提供更可靠、更有解释力和可能更有效的答案。

尽管如此,开放式问题仍在调查研究中占有一席之地。在本附录中,简单讨论一下何时用开放式问题可能最合适,似乎至关紧要。

第一,最明显的情况是,可能的答案数量大大超过所能合理容纳的范围,例如,如果让人们选择他们所喜爱的演员、食物或歌曲,问题必须是开放式的。可能的答案显然不胜枚举、五花八门并出乎预料。

第二,某些问题应该用叙述形式来回答,因为无法把这些答案压缩成几个字。例如,为了对职业进行可靠的编码,受访者就需要描述"你做的是何种工作"。只有一两个字的答案往往是含糊的,无法提供编码所需要的充分信息。让人们用自己的话来回答,好让他们能够描述自己所做的事情,这是一个获得所需信息的办法。同样,为了知道何种健康问题或状况会导致人们去看病,答案也应该是叙述形式。有些健康状况用一两个字就能讲清楚,但是,在多数情况下,最好的答案还需要一个更多描述性的回答。

第三,正如第3章所讨论的,询问开放式问题是测量知识的最佳途径之一。当用对/错题或多项选择题来测量知识时,有些正确答案可能是随机得来的,并不能反映受访者的知识水平。开放式问题答案通常是了解"人们知道什么"的一个更好方法。

第四,当人们想要知道结论、行为或偏好背后的推理过程时,最好的方法是倾听受访者自己说了些什么。由于受访者的语言技能和风格各不相同,因此有关人们做事理由或偏好依据的叙述性回答往往"缺乏信度(unreliability)"。另外,叙述性答案也为研究者提供了一个进入人们所思所想更直接的窗口。如果研究者想要弄清投票者为什么喜欢甲候选人胜过乙候选人,或者他们是否喜欢自己的学校,那么就有许多理由除了(非取代)了解标准化、固定选项问题的答案外,再听听叙述性回答。

最后,为了收集有关潜在复杂情况的系统信息,有时询问开放式问题可能是最简单的方法。例如,假设目标是发现某人是怎样沦为无家可归者的,就有房子被烧毁、失去工作、被父母或其他家人赶出家门等许多可能性。然而,多种可能的答案以及某些情况的潜在复杂性使得一系列固定选项的问题显得虚假、累赘,无法做到很有效的沟通。最好办法可能是,先让受访者用自己的话来解释自己是如何沦为无家可归者的。一旦把这个情况解释清楚,就可以询问受访者一些标准化、固定选项的问题,以弄清受访者所述特殊情况的适当细节。这样的方法可以使访谈互动更切合实际,同时为研究者提供了有关实际情况更好的、更适当的信息。

研究者有时发现很难处理叙述形式答案所产生的数据。尤其是要对答案进行编码,要有人念答案并将答案置于有意义的数字类别中。最终答案的多样性和复杂性使得分析不如受访者更结构化的回答来得那么直接。另一方面,结果可能更好地反映了受访者所要说的东西。

在传统上,当受访者用叙述形式作答时,编码与数据收集是分开的。当人们无法准确地预测受访者会给出什么样的答案或者他们会用什么词语来表达它们时,可能就要相当审慎地制订一套"将答案统一归类为有意义类别"的标准化编码规则。当适当地做到这一点时,分类的规则和政策就得到改进,由于编码过程的进步,例外情况得到了确认和解决,编码决定得到了检验因而能确保它们是以一致的方式来处理的。

当受访者用固定选项形式来回答问题时,这些答案基本上已被转换成数字形式,随时可以处理。当访员将答案输入电脑时,就随时可以处理答案了。当访员用纸笔形式来回答问题时,答案就随时可以做数据输入而无需更多步骤。在这种情况下,非常有诱惑力的是,让访员在访谈中将开放式或叙事式答案编码归类,而不再推出一个单独的编码步骤。

如果完全可以预测答案的范围、可能的答案数量不多、给答案分类的规则相对简单,那么让访员做这类编码可能是适当的。例如,让受访者用开放形式来报告教育水平,然后让访员将答案归类到一组有序的类别中,这屡见不鲜。不过,如果分类方案完全模糊不清,让访员做编码可能是一个错误。访员要做很多事情,不必处理编码。而且,在整个资料收集过程中无法对编码方案进行修改和完善,也无法对访员所做的编码进行编码检验(check-coded)。因此,无法知道访员是否遵循了统一的编码程序,也无法培训访员来更好地完成编码任务。最后,对访员行为的研究表明,当把开放式问题登录为特殊类别时,访员可能会直接追问以减轻分类过程的负担(Fowler and Mangione,1990)。

如果答案结构相当清楚,分类系统也简便易行,那么让访员给答案分类也许是可行的。但是,对于大多数能用叙述性答案来处理的有趣和有用的事情来说,它们的使用还需要一个单独的编码操作,以确保所产生的结果能可靠、有效地反映受访者实际所说的内容。

最后,值得重申一下本书一再出现的主题:尽可能在问题中详细说明"什么构成了适当的答案"是至关重要的。这个告诫特别适用于开放式问题,有三点理由:

1. 尚未明确界定回答任务的问题对访谈有不利的影响(Fowler and Mangione,1990)。
2. 对回答任务的不同理解是受访者差异(以及测量误差)的不必要来源。
3. 对如何回答问题的不同看法而产生的不同答案,提高了答案的异质性,降低了其分析价值。

适当地设计和编码用叙述形式回答的问题,可以对良好的调查作出重要的贡献。知道何时及如何有效地使用这些问题是善于设计调查问题的一个重要方面。

附录 D　达成标准化访谈

本书所说的问题设计和一般调查测量的前提是,受访者应该回答完全相同的、逐字询问的问题。当用自填方式来收集数据时,这意味着研究者应该努力设计人人都能读懂并理解的问题。然而,当使用访员管理的调查问卷时,就涉及问题的另外一个方面。谢弗(Schaeffer,1991)、萨奇曼和乔丹(Suchman and Jordan,1990)等人的著作,以及塔纳(Tanur,1991)主编的论文集都分析了调查访谈实际发生的过程。他们发现,在有些(如果不是大部分)访谈中,"问与答"的过程并不像研究者所想象的或教科书所说的那样标准。他们的研究暗示了以下做法的可能价值:让访员在如何询问问题和表述问题上有更大的灵活性,好让这些问题更个性化并契合每位受访者的特殊情况。

这些想法并非空穴来风,它对调查问卷的设计者构成了重大挑战。一个现实问题是,一份访谈问卷实际上是两人之间进行互动的一个协议(protocol)。这种互动与大多数人所熟悉的互动截然不同。受访者经常在访员所提供的一组答案中选择答案,以此来回答一系列逐字念出的问题,这并不是一种普通的互动。还有,受访者感觉舒适的词语以及他们所要描述的情况和感觉千差万别。所有这些都是对好的调查问卷设计所要达成的标准化的挑战。

让访员灵活地读问题和灵活地管理调查的想法是标准化测量的主要威胁。正如本书通篇所讨论的那样,我们知道,问题措辞的微小变化可能会对答案产生很大的影响。特别是在测量主观状态时,如果访员过于灵活地询问问题,那么就很难保证测量的信度。

当访员尝试收集事实信息时,在系列问题的构成方式上可能有较大的创新空间。尽管有关客观事实问题的措辞可能会影响调查结果,但是主要问题是,是否所有的受访者对所要报告的东西有相同的看法。虽然没有给访员提供像调查问卷那样刚性的问题格式,但可能有办法来保证定义和期望是共同的。不过,总的来说,更好的办法不是让访员灵活地询问问题,而是下工夫来设计符合互动过程实际的调查问卷。访员和受访者很难进行标准化访谈,通常是因为糟糕的调查问卷设计。下面几个关键步骤将有助于确保调查问卷是一个标准化访谈过程的好协议。

1. 提供所有关键术语的确切定义。在标准化调查访谈中,最令人沮丧和分心的事情是,当受访者要访员解释问题的含义时,所有访员可能会说:"你认为它是什么意思,就是什么意思。"有时让受访者自己来界定术语也是适当的。但是,在大多数情况下,应该给受访者提供问题是什么意思的确切定义。

2. 应该事先对问题进行测试,以确保访员能够轻松地念出问题,而且受访者一听就明白(参见第 5 章)。

3. 应该构建问题系列,好让受访者在访员询问他们之前,不要按惯例来回答问题。在某种程度上,这意味着要对受访者如何回答访员所提出的问题有真正的理解。

例 D.1:在过去的一年里,你是犯罪受害者吗?

例 D.2:(如果是),你碰到的是哪一种犯罪?

例 D.3:在过去的一年里,你是其他犯罪的受害者吗?

评论:十有八九受访者在回答第一个问题时会说:"是的,我的车去年被盗。"(或无论是什么其他犯罪)当受访者像这样来回答问题:访员看着例 D.2 问题,却拿不准是否要问这个问题。例 D.2 问题早已有了答案。根据标准化规则,访员应该询问例 D.2 问题。但是,根据人们日常会话规则,询问例 D.2 问题是多余的。有时访员免不了要询问受访者他们觉得受访者已经回答过的问题。但是,可以设计调查问卷去尽量减少访员落入这种情形的可能性。

例 D.4：在过去的一年里，你是犯罪受害者吗？（这是什么样的犯罪？）（还有其他犯罪吗？）

评论：除了访员为获取信息有权决定要不要追问外，这个系列问题与上一个系列是完全相同的。这种灵活性并不违反标准化的原则。它确实赋予访员这样的灵活性：调整追问以适应回答现实从而避免出现令人尴尬的互动。这个达成协议（protocol）的简化办法完全是更好的调查设计。

例 D.5：我们想了解一下人们为什么要给"联合劝募会（the United Way）"捐款。下面我念一下人们给"联合劝募会"捐款的理由，请你告诉我以下这些是不是你向"联合劝募会"捐款的理由。第一，……

a.因为"联合劝募会"帮助许多不同的慈善机构。

受访者：我给"联合劝募会"捐款，是因为我所供职的公司与"联合劝募会"有密切的工作关系，公司也大力支持所有员工进行捐款。

访员：我明白了。让我再念一遍给你听。因为"联合劝募会"帮助许多不同的慈善机构。

评论：这是一个让访员、受访者和调查研究批评者感到困惑的互动协议。受访者有一个捐款给"联合劝募会"的明确理由。受访者能够说出理由是什么，把它讲清楚，并符合问题的意图。但是，研究者用一种完全不适合受访者作答的方式来设计问题。如果访员遵从这些指令，那么访员就会询问受访者一系列捐款给"联合劝募会"的理由，这似乎与受访者无关，会导致令人尴尬的互动。如果研究者用一种符合受访者所要报告现实的方式来专心设计调查

工具,那么就可以避免此类问题。以下几种方法可以避免这个问题:

第一个,也许是最简单的方法,是让受访者以叙述的形式来回答问题。让人们报告原因或理由本来就缺乏信度。然而,无论封闭式问题还是开放式问题都有人们诊断因果性方式上的缺陷。由于这个情况可能有多种答案,叙述形式(narrative form)可能更有利于访员与受访者之间的互动。

第二,把问题重新概念化可能有所裨益。

例 D.6:"联合劝募会"支持了许多慈善机构,你对这一事实是:很看重、有些看重、很少看重、没有看重。

评论:用这种方式来修改问题有两大好处。其一,它避免了"双管枪问题(the double-barreted question)"。上一个例子基本上向受访者询问了两个问题:他们是否看重给多个慈善机构捐款的想法,以及这是不是一个他们捐款给"联合劝募会"的理由。两者不一定有联系。询问对价值观的看法,而跳过对其因果作用进行诊断的问题,可能是更好的概念调查设计。其二,即使在受访者回答了他们"为什么"给"联合劝募会"捐款以后,他们也可以回答有关他们对"联合劝募会"看法的问题。这些答案就可能与人们捐款给"联合劝募会"的倾向有关,与询问受访者的捐款理由相比,着手解决看法与行为之间联系的问题是一个更好的方法。

如果研究者注意到他们的问题设计如何影响了受访者和访员之间的互动,他们就可以设计从各种观点来看都会更管用的问题。通过第 5 章所描述的仔细测试,特别是行为编码,就可以在问题设计过程中预见并解决像这样的一些缺陷。

最后,教导访员去培训受访者也是至关重要的。福勒和曼吉温(Fowler and Mangione,1990)用大量篇幅强调了让访员给受访者传授标准化数据收集技术的重要性。如果向受访者解释为什么要逐字询问问题,以及他们为什么要用一种特殊的方式来回答问题,那么受访者就会在标准化的互动中表现更出色。标准化访谈所面临的许多难题是,受访者无法理解调查访谈的特性以及他们预计要做的事情。

　　确保访员敏感地认识到培训受访者的需要,是实现好的标准化访谈的重要一步。尽管如此,也只能到此为止。研究者的主要职责应该是,设计一份调查问卷,不仅逐项符合好的问题标准,而且成为访员和受访者之间标准化互动一个好的协议。

参 考 文 献

Abrams, D. B., Follick, M. J., Biener, L., Carey, K. B., & Hitti, J. (1987). Saliva cotinine as a measure of smoking status in field settings. *American Journal of Public Health*, 77(7), 846-848.

Anderson, B., Silver, B., & Abramson, P. (1988). The effects of race of the interviewer on measures of electoral participation by blacks. *Public Opinion Quarterly*, 52(1), 53-83.

Andrews, F. M. (1984). Construct validity and error components of survey measures: A structural modelling approach. *Public Opinion Quarterly*, 48(2), 409-422.

Andrews, F. M., & Withey, S. B. (1976). *Social indicators of well-being*. New York: Plenum.

Aquilino, W. S., & Losciuto, L. A. (1990). Effects of interview on self-reported drug use. *Public Opinion Quarterly*, 54(3), 362-391.

Belson, W. A. (1981). *The design and understanding of survey questions*. London, UK: Gower.

Benowitz, N. L. (1983). The use of biological fluid samples in assessing tobacco smoke consumption. In J. Gabrowski & C. S. Bell (Eds.), *Measurement in the analysis and treatment of smoking behavior* (NIDA Research Monograph 48). Rockville, MD: Department of Health and Human Services.

Berk, M., Horgan, C., & Meysers, S. (1982). *The reporting of stigmatizing health conditions: A comparison of proxy and self-reporting*. Hyattsville, MD: National Center for Health Services Research.

Bishop, G. F,, Hippler, H. J., Schwartz, N., & Strack, F. (1988). A comparison of response effects in self-administered and telephone surveys. In R. M. Groves, P. Biemer, L. Lyberg, J. Massey, W. Nicholls, & J. Waksberg (Eds.), *Telephone survey methodology* (pp. 321-340). New York: John Wiley.

Blair, E., & Burton, S. (1987). Cognitive process used by survey respondents in answering behavioral frequency questions. *Journal of Consumer Research*, 14, 280-288.

Bradburn, N. M., Sudman, S., & associates. (1979). *Improving interview method and questionnaire design*. San Francisco: Jossey-Bass.

Cannell, C. F., Groves, R. M., Magilavy, L., Mathiowetz, N. A., & Miller, P. V. (1987). An experimental comparison of telephone and personal health interview studies. *Vital and Health Statistics* (Series 2, No. 106). Washington, DC: Government Printing Office.

Cannell, C. F., Fisher, G., & Bakker, T. (1965). Reporting of hospitalization in the Health Interview Survey. *Vital and Health Statistics* (Series 2, No. 6). Washington, DC: Government Printing Office.

Cannell, C., & Fowler, F. (1965). Comparison of hospitalization reporting in three survey procedures. *Vital and Health Statistics* (Series 2, No. 8). Washington DC: Government Printing Office.

Cannell, C. F., & Marquis, K. H. (1972). Reporting of health events in household interviews: Effects of reinforcement, question length and reinterviews. *Vital and Health Statistics* (Series 2, No. 45). Washington, DC: Government Printing Office.

Cannell, C., Marquis, K., & Laurent, A. (1977). A summary of studies. *Vital and Health Statistics* (Series 2, No. 69). Washington, DC: Government Printing Office.

Cannell, C. F., Miller, P. V., & Oksenberg, L. (1981). Research on interviewing techniques. In S. Leinhardt (Ed.), *Sociological Methodology* (pp. 389-437). San Francisco: Jossey-Bass.

Cannell, C., Oksenberg, L., & Converse, J. (1977). *Experiments in interviewing techniques: Field experiments in health reporting:* 1971-1977. Hyattsville, MD: National Center for Health Services Research.

Clarridge, B. R., & Massagli, M. P. (1989). The use of female spouse proxies in common symptom reporting. *Medical Care*, 27(4), 352-366.

Converse, J. M., & Presser, S. (1986). *Survey questions: Handcrafting the standardized questionnaire.* Beverly Hills, CA: Sage.

Cronbach, L. (1951). Coefficient alpha and the internal structure of tests. *Psychiatrika*, 16, 297-334.

Cronbach, L., & Meehl, P. (1955). Construct validity in psychological tests. *Psychological Bulletin*, 281-302.

Densen, P., Shapiro, S., & Balamuth, E. (1963). Health interview responses compared with medical records. *Vital and Health Statistics* (Series 2, No. 7). Washington, DC: Government Printing Office.

DeVellis, R. F. (1991). *Scale development: Theory and applications.* Newbury Park, CA: Sage.

Dillman, D. A., & Tarnai, J. (1991). Mode effects of cognitively designed recall questions: A comparison of answers to telephone and mail surveys. In P. N. Biemer, R. M. Groves, L. E. Lyberg, N. A. Mathiowetz, & S. Sudman (Eds.), *Measurement errors in surveys* (pp. 367-393). New York: John Wiley.

Droitcour, J., Caspar, R. A., Hubbard, M. L., et al. (1991). The item count technique as a method of indirect questioning: A review of its development and a case study application. In P. N. Biemer, R. M. Groves, L. E. Lyberg, N. A. Mathiowetz, & S. Sudman (Eds.), *Measurement errors in surveys* (pp. 185-210). New York: John Wiley.

Eisenhower, D., Mathiowetz, N. A., & Morganstein, D. (1991). Recall error: Sources and bias reduction techniques. In P. N. Biemer, R. M. Groves, L. E. Lyberg, N. A. Mathiowetz, & S. Sudman (Eds.), *Measurement errors in surveys* (pp. 367-393). New York: John Wiley.

Forsyth, B. H., & Lessler, J. T. (1991). Cognitive laboratory methods: A taxonomy. In P. N. Biemer, R. M. Groves, L. E. Lyberg, N. A. Mathiowetz, & S. Sudman (Eds.), *Measurement errors in surveys* (pp. 393-418). New York: John Wiley.

Fowler, F. J. (1992). How unclear terms affect survey data. *Public Opinion Quarterly*, 56 (2), 218-231.

Fowler, F. J., Jr. (1993). *Survey research methods* (2nd ed.). Newbury Park, CA: Sage.

Fowler, F. J., & Mangione, T. W. (1990). *Standardized survey interviewing.* Newbury Park, CA: Sage.

Fox, J. A., & Tracy, P. E. (1986). *Randomized response: A method for sensitive surveys.* Newbury

Park, CA: Sage.

Greenberg, B., Abdel-Latif, A., & Simmons, W. H. D. (1969). The unrelated question randomized response model: Theoretical framework. *Journal of the American Statistical Association*, 64 (326), 520-539.

Groves, R. M. (1989). *Survey errors and survey costs*. New York: John Wiley.

Hauser, R. M., & Massagli, M. P. (1983). Some models of agreement and disagreement in repeated measurments of occupation. *Demography*, 20(4), 449.

Horvitz, D., & Lessler, J. (1978). Discussion of total survey design. *Health Survey Methods: Second Biennial Conference* (DPHEW Publication No. PHS 79-3207, pp. 43-47). Hyattsville, MD: National Center for Health Services Research.

Hsiao, W., Braun, P., Dunn, D. L., Becker, E. R., Douwe, Y., Verrilli, D. K., Stamenovic, E., & Shiao-Ping, C. (1992). An overview of the development and refinement of the resource-based relative value scale. *Medical Care*, 30(11, Nov. supplement), NS1-NS12.

Jabine, T. B. (1987). Reporting chronic conditions in the National Health Interview Survey: A review of tendencies from evaluation studies and methodological test. *Vital and Health Statistics* (Series 2, No. 105, DHHS Pub. No. PHS 87-1397). Washington. DC: Government Printing Office.

Jabine, T. B., Straf, M. L., & Tanur, J. M. (1984). *Cognitive aspects of survey methodology: Building a bridge between disciplines*. Washington, DC: National Academic Press.

Kallick-Kaufmann, M. (1979). The micro and macro dimensions of gambling in the United States. *The Journal of Social Issues*, 35(3), 7-26.

Krueger, R. A. (1988). *Focus groups*. Newbury Park: Sage.

Kulka, R. A., Schlenger, W. E., Fairbank, J. A., Jordan, K., Hough, R. L., Marmar, C. R., & Weiss, D. S. (1989). Validating questions against clinical evaluations: A recent example using diagnostic interview schedule-based and other measures of Post-Traumatic Stress Disorder. In F. J. Fowler, Jr. (Ed.), *Conference Proceedings of Health Survey Research Methods* (DHHS Pub. No. PHS 89-3447, pp. 27-34). Washington, DC: National Center for Health Services Research.

Lehnen, R. G., & Skogan, W. G. (1981, December). *Current and historical perspectives*. (The National Crime Survey Working Papers, Vol I). Washington, DC: Department of Justice, Bureau of Justice Statistics.

Lessler, J., & Tourangeau, R. (1989, May). Questionnaire design in the cognitive research laboratory. *Vital and Health Statistics* (Series 6, No. 1). Washington, DC: Government Printing Office.

Lessler, J. T. (1987). *Use of laboratory methods and cognitive science for the design and testing of questionnaires*. Stockholm: Statistics Sweden.

Locander, W., Sudman, S., & Bradburn, N. (1976). An investigation of interview method, threat and response distortion. *Journal of the American Statistical Association*, 71(354), 269-275.

Loftus, E. F., Smith, K. D., Klinger, M. R., & Fiedler, J. (1991). Memory and mismemory for health events. In J. Tanur (Ed.), *Questions about questions: Inquiries into the cognitive basis of surveys* (pp. 102-137). New York: Russell Sage Foundation.

Madow, W. (1967). Interview data on chronic conditions compared with information derived from medical records. *Vital and Health Statistics* (Series 2, No. 23). Washington, DC: Government Printing Office.

Mangione, T., Hingson, R., & Barret, J. (1982). Collecting sensitive data: A comparison of three survey strategies. *Sociological Methods and Research*, 10(3), 337-346.

Mangione, T. W., Fowler, F. J., Jr., & Louis, T. A. (1992). Question characteristics and interviewer effects. *Journal of Official Statistics*, 8(3), 293-307.

Marquis, K. (1978). *Record check validity of survey responses: A reassessment of bias in reports of hospitalization*. Santa Monica, CA: RAND.

Martin, E., DeMaio, T. J., & Campanelli, P. C. (1990). Context effects for census measures of race and Hispanic origin. *Public Opinion Quarterly*, 54, 551-566.

McDowell, I., & Newell, C. (1987). *Measuring health: A guide to rating scales and questionnaires*. New York: Oxford University Press.

Moore, J. C. (1988). Self/proxy response status and survey response quality *Journal of Official Statistics*, 4(2), 155-172.

Morgan, D. C. (1988). *Focus groups as qualitative research*. Newbury Park, CA: Sage.

Morton-Williams, J., & Sykes, W. (1984). The use of interaction coding and follow-up interviews to investigate comprehension of survey questions. *Journal of the Market Research Society*, 26, 109-127.

Neter, J., & Waksberg, J. (1964). A study of response errors in expenditure data from household interviews. *Journal of the American Statistical Association*, 59, 18-55.

Nunnally, J. C. (1978). *Psychometric theory*. New York: McGraw-Hill.

Oksenberg, L., Cannell, C. F., & Kalton, G. (1991). New strategies for testing survey questions. *Journal of Official Statistics*, 7, 349-365.

Parry, H., & Crossley, H. (1950). Validity of responses to survey questions. *Public Opinion Quarterly*, 14, 61-80.

Payne, S. (1951). *The art of asking questions*. Princeton, NJ: Princeton University Press.

Presser, S. (1989). Pretesting: A neglected aspect of survey research. In F. J. Fowler, Jr. (Ed.), *Conference Proceedings of Health Survey Research Methods* (DHHS Pub. No. PHS 89-3447, pp. 35-38). Washington, DC: National Center for Health Services Research.

Rainwater, L. (1974). *What money buys: Inequality and the social meanings of income*. New York: Basic Books.

Rasinski, K. A. (1989). The effect of question wording on public support for government spending. *Public Opinion Quarterly*, 53, 388-394.

Robinson, J. P., Rusk, J. G., & Head, K. B. (1968, September). *Measures of political attitudes* (Library of Congress#68-65537). Ann Arbor, MI: Survey Research Center, Institute for Social Research.

Robinson, J. P., & Shaver, P. R. (1973). *Measures of social psychological attitudes* (Rev. ed.). Ann Arbor, MI: Survey Research Center, Institute for Social Research.

Robinson, J. P., Shaver, P. R., & Wrightsman, L. S. (Eds.). (1991). *Measures of personality and social psychological attitudes* (Vol. 1). San Diego, CA: Academic Press.

Rodgers, W. L., & Herzog, A. R. (1989). The consequences of accepting proxy respondents on total survey error for elderly populations. In F. J. Fowler, Jr. (Ed.), *Conference Proceedings of Health Survey Research Methods* (DHHS Pub. No. PHS 89-3447, pp. 139-146). Washington, DC: National Center for Health Services Research.

Royston, P. N. (1989). Using intensive interviews to evaluate questions. In F. J. Fowler, Jr. (Ed.), *Conference Proceedings of Health Survey Research Methods* (DHHS Pub. No. PHS 89-3447, pp. 3-8). Washington DC: National Center for Health Services Research.

Schaeffer, N. C. (1991). Interview: Conversation with a purpose or conversation? In P. N. Biemer, R. M. Groves, L. E. Lyberg, N. A. Mathiowetz, & S. Sudman (Eds.), *Measurement errors in surveys* (pp. 367-393). New York: John Wiley.

Schaeffer, N. C., & Bradburn, N. M. (1989). Respondent behavior in magnitude estimation. *Journal of the American Statistical Association*, 84(406), 402-413.

Schuman, H. H., & Presser, S. (1981). *Questions and answers in attitude surveys*. New York: Academic Press.

Schwartz, N., & Hippler, H. (1991). Response alternatives: The impact of their choice and presentation order. In P. N. Biemer, R. M. Groves, L. E. Lyberg, N. A. Mathiowetz, & S. Sudman (Eds.), *Measurement errors in surveys* (pp. 41-56). New York: John Wiley.

Schwarz, N., Knauper, B., Hippler, H. J., Noelle-Neumann, E., & Clark, L. (1991). Rating scales: Numeric values may change the meaning of scale labels. *Public Opinion Quarterly*, 55, 570-582.

Sieber, J. (1992). *Planning ethically responsible research: Developing an effective protocol*. Newbury Park, CA: Sage.

Smith, A. F. (1991). Cognitive processes in long-term dietary recall. *Vital and Health Statistics* (Series 6, No. 4, Public Health Services). Washington, DC: Government Printing Office.

Smith, T. W. (1991). Context effects in the general social survey. In P. N. Biemer, R. M. Groves, L. E. Lyberg, N. A. Mathiowetz, & S. Sudman (Eds.), *Measurement errors in surveys* (pp. 367-393). New York: John Wiley.

Stewart, A. L., & Ware, J. E., Jr. (Eds.). (1992). *Measuring functioning and well-being: The medical outcomes study approach*. Durham, NC: Duke University Press.

Stewart, D. W., & Shamdasani, P. N. (1990). *Focus groups*. Newbury Park, CA: Sage.

Suchman, L., & Jordan, B. (1990). Interactional troubles in face-to-face survey interviews. *Journal of the American Statistical Association*, 85, 232-241.

Sudman, S., & Bradburn, N. (1974). *Response effects in surveys*. Chicago: Aldine.

Sudman, S., & Bradburn, N. (1982). *Asking questions*. San Francisco: Jossey-Bass.

Sudman, S., & Ferber, R. (1971). A comparison of alternative procedures for collecting consumer expenditure data for frequently purchased items. *Journal of Marketing Research*, 11, 128-135.

Sudman, S., Finn, A., & Lannon, L. (1984). The use of bounded recall procedures in single interviews. *Public Opinion Quarterly*, 48, 520-524.

Tanur, J. (Ed.). (1991). *Questions about questions: Inquiries into the cognitive bases of surveys*. New York: Russell Sage Foundation.

Turner, C. F., Lessler, J. T., & Gfroerer, J. C. (1992). *Survey measurement of drug use: Methodological studies*. Washington, DC: National Institute on Drug Abuse, Department of Health and Human Services.

Turner, C. F., & Martin, E. (Eds.). (1984). *Surveying subjective phenomena*. New York: Russell Sage.

Ware, J. (1987). Standards for validating health measures: Definition and content. *Journal of Chronic Diseases*, 40, 473-480.

Willis, G. B., Royston, P., & Bercini, D. (1989). Problems with survey questions revealed by cognitively-based interviews. *Proceedings, 5th Annual Research Conference* (pp. 345-360). Washington, DC. Bureau of the Census.

万卷方法®
知识生产者的头脑工具箱

很多做研究、写论文的人，可能还没有意识到，他们从事的是一项特殊的生产活动。而这项生产活动，和其他的所有生产活动一样，可以借助工具来大大提高效率。

万卷方法是为辅助知识生产而存在的一套工具书。

这套书系中，

有的，介绍研究的技巧，如《会读才会写》《如何做好文献综述》《研究设计与写作指导》《质性研究编码手册》；

有的，演示 STATA、AMOS、SPSS、Mplus 等统计分析软件的操作与应用；

有的，专门讲解和梳理某一种具体研究方法，如量化民族志、倾向值匹配法、元分析、回归分析、扎根理论、现象学研究方法、参与观察法等；

还有，

《社会科学研究方法百科全书》《质性研究手册》《社会网络分析手册》等汇集方家之言，从历史演化的视角，系统化呈现社会科学研究方法的全面图景；

《社会研究方法》《管理学问卷调查研究方法》等用于不同学科的优秀方法教材；

《领悟方法》《社会学家的窍门》等反思研究方法隐蔽关窍的慧黠之作……

书，是人和人的相遇。

是读者和作者，通过书做跨越时空的对话。

也是读者和读者，通过推荐、共读、交流一本书，分享共识和成长。

万卷方法这样的工具书很难进入豆瓣、当当、京东等平台的读书榜单，也不容易成为热点和话题。很多写论文、做研究的人，面对茫茫书海，往往并不知道其中哪一本可以帮到自己。

因此，我们诚挚地期待，你在阅读本书之后，向合适的人推荐它，让更多需要的人早日得到它的帮助。

我们相信：

每一个人的意见和判断，都是有价值的。

我们为推荐人提供意见变现的途径，具体请扫描二维码，关注"重庆大学出版社万卷方法"微信公众号，发送"推荐员"，了解详细的活动方案。